Philosophie der Lebenskunst zur Einführung

Ferdinand Fellmann

Philosophie der Lebenskunst zur Einführung

JUNIUS

Junius Verlag GmbH
Stresemannstraße 375
22761 Hamburg
Im Internet: www.junius-verlag.de

Umschlaggestaltung: Florian Zietz
Satz: Junius Verlag GmbH
Druck: Druckhaus Dresden
Printed in Germany 2009
ISBN 978-3-88506-664-4
(zur Einführung; 364)

Bibliografische Information der Deutschen Nationalbibliothek
Die Deutsche Nationalbibliothek verzeichnet diese Publikation in der Deutschen Nationalbibliografie; detaillierte bibliografische Daten sind im Internet über <http://dnb.d-nb.de> abrufbar

Zur Einführung …

… hat diese Taschenbuchreihe seit ihrer Gründung 1978 gedient. Zunächst als sozialistische Initiative gestartet, die philosophisches Wissen allgemein zugänglich machen und so den Marsch durch die Institutionen theoretisch ausrüsten sollte, wurden die Bände in den achtziger Jahren zu einem verlässlichen Leitfaden durch das Labyrinth der neuen Unübersichtlichkeit. Mit der Kombination von Wissensvermittlung und kritischer Analyse haben die Junius-Bände stilbildend gewirkt.

Von Zeit zu Zeit müssen im ausufernden Gebiet der Wissenschaften neue Wegweiser aufgestellt werden. Teile der Geisteswissenschaften haben sich als Kulturwissenschaften reformiert und neue Fächer und Schwerpunkte wie Medienwissenschaften, Wissenschaftsgeschichte oder Bildwissenschaften hervorgebracht; auch im Verhältnis zu den Naturwissenschaften sind die traditionellen Kernfächer der Geistes- und Sozialwissenschaften neuen Herausforderungen ausgesetzt. Diese Veränderungen sind nicht bloß Rochaden auf dem Schachbrett der akademischen Disziplinen. Sie tragen vielmehr grundlegenden Transformationen in der Genealogie, Anordnung und Geltung des Wissens Rechnung. Angesichts dieser Prozesse besteht die Aufgabe der Einführungsreihe darin, regelmäßig, kompetent und anschaulich Inventur zu halten.

Zur Einführung ist für Leute geschrieben, denen daran gelegen ist, sich über bekannte und manchmal weniger bekannte Autor(inn)en und Themen zu orientieren. Sie wollen klassische

Fragen in neuem Licht und neue Forschungsfelder in gültiger Form dargestellt sehen.

Zur Einführung ist von Leuten geschrieben, die nicht nur einen souveränen Überblick geben, sondern ihren eigenen Standpunkt markieren. Vermittlung heißt nicht Verwässerung, Repräsentativität nicht Vollständigkeit. Die Autorinnen und Autoren der Reihe haben eine eigene Perspektive auf ihren Gegenstand, und ihre Handschrift ist in den einzelnen Bänden deutlich erkennbar.

Zur Einführung ist in verstärktem Maß ein Ort für Themen, die unter dem weiten Mantel der Kulturwissenschaften Platz haben und exemplarisch zeigen, was das Denken heute jenseits der Naturwissenschaften zu leisten vermag.

Zur Einführung bleibt seinem ursprünglichen Konzept treu, indem es die Zirkulation von Ideen, Erkenntnissen und Wissen befördert.

Michael Hagner
Dieter Thomä
Cornelia Vismann

Inhalt

Anhang

Einleitung: Philosophie der Lebenskunst – Was? Wozu? Wie?

»Das Leben ist wie ein Eis,
du musst es aufessen –
sonst hast du nichts davon.«
Charlie Brown

Eine Einführung in die Philosophie der Lebenskunst hat zunächst drei Fragen zu klären, deren erste lautet, was Philosophie der Lebenskunst überhaupt ist. Eine berechtigte Frage, denn Philosophie als Wissenschaft vom Prinzipiellen ist nur schwer mit einer praktisch ausgerichteten Kunst oder Technik der Lebensführung zu vereinbaren. Es wird sich aber schnell zeigen, dass sie kein Zwittergebilde ist, sondern ein organisches Ganzes. Zweitens: Wozu soll eine solche Philosophie – vorausgesetzt, dass es sie überhaupt gibt – gut sein? Da es offenbar um mehr geht als um Rezepte für ein gutes Leben, andererseits die Philosophie ihren theoretischen Anspruch behalten soll, scheint es die Philosophie der Lebenskunst mit einander widerstreitenden Fragestellungen zu tun zu haben. Auch hier einen Ausgleich zu schaffen, wird sich die Darstellung bemühen. Drittens: Wie sieht ein wissenschaftlicher Umgang mit Lebenskunsttexten aus? Da es bei der Lebenskunst primär um praktische Ziele geht, genügt es offenbar nicht, die Texte rein immanent zu interpretieren. Vielmehr muss nach einer Methode gesucht werden, die den Kontext berücksichtigt, in dem systematische Begriffe ihre praktische Relevanz erkennen lassen.

Was ist Philosophie der Lebenskunst?

Seit Jahrzehnten wird der Markt von Büchern überschwemmt, die Ratschläge anbieten, wie man mit seinem Leben zurechtkommt. In ihrer schlichtesten Form verfahren die Texte nach handwerklichen Mustern und bieten Anleitungen zum Selbermachen an, so als sei das Leben ein Artefakt. Die Mehrzahl der gängigen Lebenskunsttexte bewegt sich freilich auf einem höheren Niveau. Ausgehend vom Menschen als selbstverantwortlich handelndes Wesen geht es in diesen Texten um Entscheidungen des persönlichen Lebens, um existenzielle Probleme, deren Lösbarkeit allerdings prinzipiell unterstellt wird – nach dem Motto: »Alles Leben ist Problemlösen.« Manchmal macht die populäre Lebenskunstliteratur auch auf die Grenzen der Machbarkeit aufmerksam und empfiehlt fremde Hilfe von Experten. So geht Lebenskunst in Beraterpraxis über, wie sie von Psychologen und Psychotherapeuten betrieben wird.

Natürlich ist es leicht, sich über die Tendenz philosophischer »Therapeutisierung« der Gesellschaft zu mokieren, aber das wäre zu einfach. Offenbar hat der Subjektivismus Formen angenommen, durch die zahlreiche Menschen immer häufiger individuelle Beratung brauchen. Hinzu kommt, dass auch hinter der populären Lebenskunst immer eine implizite Auffassung von moralischen Werten steht. Wenn vom »glücklichen«, »guten« oder »gelungenen Leben« die Rede ist, so geht das weit über eine bloße Klugheitslehre zum Zwecke der Durchsetzung egoistischer Ziele hinaus. In der Regel wird das Glück, zu dem die Lebenskunst verhelfen soll, als innerer Wert im Unterschied zu käuflichen äußeren Gütern betrachtet. Hier ist der Punkt erreicht, an dem die Grenzen einer rein technischen Problemlösungskompetenz überschritten sind und ein Raum der Sinnfindung betreten wird, der sich nicht mehr empirisch vermessen lässt.

Philosophisch wird Lebenskunst dadurch, dass sie die Bedingungen reflektiert, unter denen sich allgemeine Verhaltensregeln formulieren lassen. Damit kommt ein weiterer Aspekt des Menschseins zum Tragen, den die philosophische Anthropologie auf die Formel vom *animal symbolicum* (Ernst Cassirer) gebracht hat. Der Mensch als das Wesen, dessen Sein von seinem Bewusstsein abhängt, braucht für die Lebensführung nicht nur Anleitungen zum Handeln, er muss auch Zugänge zu sich selbst finden. Lebenskunst ist hier primär Auslegungskunst, Hermeneutik des Selbst, zu dem das delphische Orakel mit seinem *gnothi seauton* (»Erkenne dich selbst!«) auffordert. Diese beiden Seiten des Menschseins, Handeln und Selbsterkenntnis, stellen die Lebenskunst vor Aufgaben, zu deren Lösung ein streng rationales Verfahren der Normenbegründung, wie es von der Pflichtethik Kants eingeschlagen wird, nicht ausreicht. Die philosophische Reflexion auf die Lebenskunst muss vielmehr das Verhältnis klären, in dem der subjektive zum objektiven Standpunkt steht, denn nur so lässt sich das Problem lösen, wie Normen dazu motivieren können, sie zu befolgen.

Wenn philosophische Lebenskunst es auch nicht mit der Begründung absolut geltender moralischer Normen zu tun hat, gehört sie doch in ihrem Wertbewusstsein auf die Seite der Moralphilosophie, der philosophischen Ethik. Vielleicht kann man Lebenskunst als »Protoethik« bezeichnen, als vorwissenschaftliche Form moralischer Urteilsbildung. Man könnte auch von einer Haltungsethik sprechen, die im Unterschied zur Handlungsethik den ganzen Menschen in seinem charakterlichen wie sozialen Gebundensein betrachtet. Bei aller Anerkennung der Bedürfnisse und berechtigten Interessen des Menschen wird allgemein zugestanden, dass Lebenskunst sich nicht auf die Sorge um das eigene Wohlergehen beschränken darf. Dazu bedürfte es keiner Philosophie, es würde die Lebenskunst als Lehre der Geschicklichkeit genügen. Von einer Philosophie der Lebenskunst kann man erst dann sprechen, wenn sie reflektiert, wie Glück und Moral im menschlichen Leben miteinander verbunden sind.

Fragt man nach exemplarischen Texten zur Lebenskunst, so bieten sich die Klassiker der antiken Tugendethik an, die von einem allgemein gültigen Glücksbegriff ausgeht, dem zumeist bestimmte Werte als Mittleres zwischen den Extremen zugeordnet werden. Glück als Gegenstand der Lebenskunst prägt auch den hellenistischen Eudämonismus von Epikur bis zum römischen Stoiker Seneca, der das Glück des Lebens aus der Perspektive der menschlichen Affekte beleuchtet. Senecas *Vom glücklichen Leben* verbindet reiche Lebenserfahrung mit einer fundamentalen Werthaltung als praktische Form der Selbsterkenntnis. Nach einer wechselvollen Geschichte der Wiederentdeckung der antiken Lebenskunst, der Abtrennung der Sollensethik von der Tugendethik und deren Rehabilitierung hat sich die Lebenskunst in den letzten Jahrzehnten des 20. Jahrhunderts als Philosophie etabliert. In Deutschland sind zwei prominente Vertreter zu nennen: Hans Krämer und Wilhelm Schmid. Krämer hat seine 1983 erschienene Monografie *Plädoyer für eine Rehabilitierung der Individualethik* im Jahre 1988 durch ein *Plädoyer für eine Philosophie der Lebenskunst* ergänzt. Dieser in der *Information Philosophie* erschienene Vortragstext scheint die Geburtsstunde des Begriffs zu sein, den Schmid mit seinem gleichnamigen Buch schließlich populär gemacht hat. Schmid schließt sich eng an Michel Foucault an, der mit *Sexualität und Wahrheit* die Selbstsorge auf Bereiche des triebhaften Lebens gelenkt hat, die in der klassischen Tugendethik unterbelichtet geblieben sind. Durch den großen Erfolg seiner Bücher konnte Schmid eine eigenständige Sparte Lebenskunst innerhalb der Suhrkamp-Kultur etablieren. Schmid sowie Krämer kommt das Verdienst zu, gegenüber der populären Beraterliteratur auf der einen und den akademischen Bereichsethiken auf der anderen Seite philosophische Lebenskunsttexte hoffähig gemacht zu haben. So ist eine über ihre Voraussetzungen reflektierende praktische Disziplin entstanden, deren Reflexionsniveau an die antiken Klassiker der Tugendethik heranreicht.

Wozu dient Lebenskunst philosophisch?

Wozu eine Beschäftigung mit der Lebenskunst dient, scheint schon durch den Begriff beantwortet. Es geht eben darum, die Probleme des Lebens nach den Regeln einer Kunst zu lösen und damit den Menschen Wege zum Glück zu ebnen. Aber ist das ein realistisches Ziel? Es ist kein Geheimnis, dass den Ratsuchenden durch die populäre Lebenskunstliteratur kaum wirklich geholfen wird. Das bedeutet freilich nicht, dass Ratgeber vollkommen nutzlos sind. Im Gegenteil: Gerade weil sie die Versprechen in der Regel nicht halten, sind sie unentbehrlich. Denn sie können zu der Einsicht verhelfen, dass jeder sein Leben selbst gestalten muss, dass also das Ziel der Lebenskunst im Vollzug des Lebens selbst liegt. Damit aber ist die philosophische Problematik eröffnet, die über eine rein prudentielle oder strategische Rationalität hinausweist.

Sobald man die Frage nach dem Wozu ernsthaft stellt, wird nicht nur ungewiss, ob die erklärten Ziele der Lebenskunst realisierbar sind. Ebenso ungewiss wird, ob sich das Ziel überhaupt klar definieren lässt. Das führt zum Begriff des Glücks, der von der Lebenskunst unabtrennbar ist. Philosophisch wird Lebenskunst dort, wo das Streben nach Glück hinterfragt und die impliziten Wertungen explizit gemacht werden. Die Frage ist nicht mehr nur, wie man sich verhalten muss, um glücklich zu werden. Gefragt wird auch und vor allem, worin das Glück besteht und ob es einen dem Leben intrinsischen Wert darstellt. Ist das eigene Leben, die individuelle Lebenserfahrung Gegenstand der Lebenskunst und damit der alleinige Maßstab für die Regeln der Lebensführung? Erst wer hierüber Klarheit gewinnt, gibt eine erste Antwort auf die Frage nach dem Wozu der philosophischen Lebenskunst.

Man kann zwar statt von Glück von »gutem« oder von »gelungenem Leben« sprechen, aber wer könnte im Vorhinein und allgemein sagen, worin es besteht? Der eine hält sein Leben dann für gelungen, wenn er Erfolg im Beruf hat, der andere, wenn ihm ein glückliches Familienleben beschieden ist. Aufgrund der inhaltlichen Divergenzen in der Zielvorstellung der Lebenskunst erfordert die Frage nach dem Wozu eine formale Antwort, die freilich nicht im Formalismus einer rein logischen Normenbegründung enden darf. Man will wissen, welche verbindlichen Lebensmuster den Menschen in verschiedenen Epochen und unter verschiedenen sozialen Bedingungen zur Verfügung stehen und welcher allgemeingültige Begriff des Glücks sich daraus für eine verantwortliche Lebensgestaltung ergibt. Dies aber lässt sich nur ermitteln, wenn Wege der Selbsterfahrung aufgezeigt werden. Kurzum: Die Philosophie der Lebenskunst dient dem Ziel, das Verhältnis von Handlungsrationalität und Selbstverhältnis zu klären.

Primär wird philosophische Beschäftigung mit der Lebenskunst von einem theoretischen Interesse geleitet sein. Dabei sieht es zunächst so aus, als gehe die Selbsterfahrung dem Handeln voraus. Aber schon bald haben die Philosophen entdeckt, dass für den Menschen das Handeln der beste Weg ist, sich selbst zu begegnen. Selbsterfahrung und Handlungskompetenz stehen in einem Wechselverhältnis. In der Aufhellung dieser Wechselwirkung ist die philosophische Lebenskunst der rationalen Normenbegründung deutlich überlegen. Kants Überzeugung, dass moralische Pflichten ihre Erfüllbarkeit implizieren, wirft ein Motivationsproblem auf, das rein formalistisch nicht zu lösen ist. Texte der philosophischen Lebenskunst, die stärker als Kants Pflichtethik auf die Situationen des Lebens Rücksicht nehmen, sehen das Ziel nicht direkt durch Befolgung von Regeln erreicht. Vielmehr geht es ihnen indirekt um die Einübung einer Haltung, aus der moralisches Handeln von selbst folgt. So hält sich die Frage nach dem Wozu der Lebenskunst in eigentümlicher Schwebe zwischen Theorie und Praxis.

Ein Ziel der philosophischen Lebenskunst ist es, den Prozess der moralischen Wertbildung in praktischer Absicht aufzuklären. Jenseits von Beratung kann die Philosophie der Lebenskunst dazu anleiten, ein realistisches Selbstbild zu gewinnen und Fehler in der Einschätzung der Lebenswirklichkeit zu erkennen. Philosophie der Lebenskunst ist somit gewissermaßen ein Fall von Heterogonie der Zwecke: Sie will zur Lösung unserer Lebensnöte beitragen, aber nicht direkt durch die Aufstellung allgemeingültiger Prinzipien, sondern indirekt durch die Anleitung zur Einsicht, dass jeder die Frage der Wertbildung für sich selbst lösen muss. Diese Einsicht zerstört naive Glückserwartungen, macht damit aber den Weg frei für eine reflektierte Glückserfahrung, die weniger enttäuschungsanfällig ist. So wird philosophische Lebenskunst zu einer Reflexionswissenschaft, deren Ziel es ist, theoretische Einsicht und praktischen Lebensvollzug zu einem stabilen Selbstwertgefühl zu verbinden.

Wie sieht ein wissenschaftlicher Umgang mit Lebenskunsttexten aus?

Der Umgang mit populären Lebenskunsttexten ist durch den Anleitungscharakter des Genres vorgegeben. Die Ratsuchenden nehmen die Ratschläge in der Regel naiv zur Kenntnis und lassen sich in ihrem Verhalten häufig davon leiten. Die Internalisierung der Empfehlungen kann verschiedene Grade der Intensität annehmen. Wer einem emotional ansprechenden Ratgeber folgt, ändert möglicherweise seine gesamte Lebenseinstellung. Das ist insbesondere bei Glückslehren mit einem spiritualistischen Hintergrund zu beobachten, etwa in den modischen Wellen der Adaptation des Buddhismus, wie man bereits im 19. Jahrhundert bei Arthur Schopenhauer sehen kann.

Natürlich können populäre Lebenskunsttexte auch Gegenstand wissenschaftlicher Untersuchung sein. Das ist die Aufgabe von Wissenssoziologen oder Kulturwissenschaftlern, deren Interesse sich weniger auf die Inhalte als auf deren soziale Voraussetzungen und Wirkungen richtet. Im Falle der Philosophie ist der Umgang mit den Texten erheblich differenzierter. Hier konzentriert sich die Interpretation auf die Klärung der Begriffe und die Stringenz der Argumentation. Dabei tritt zwar die Reflexion in den Vordergrund, aber eine rein theoretische Einstellung genügt nicht. Denn es geht nicht um rationale Begründung ethischer Normen, sondern um die Beschreibung moralischer Situationen und die Formulierung fundamentaler Werthaltungen. Die spätantiken Moralisten haben deshalb ihre Wertvorstellungen auf prägnante Formeln gebracht und in Katechismen zusammengestellt, die die Schüler auswendig lernen mussten. Man kann in der hellenistischen Lebenskunst geradezu von einer moralischen Indoktrinierung und »Abrichtung« sprechen.

Nun wird heute im akademischen Betrieb niemand mehr auf diese Weise mit den Texten der philosophischen Lebenskunst verfahren. Gleichwohl weist die Interpretation philosophischer Lebenskunsttexte eine Besonderheit auf. Neben der Frage ihrer logischen Konsistenz und begrifflichen Klarheit ist bei der philosophischen Interpretation darauf zu achten, mit welcher Lebenswirklichkeit sich der Text beschäftigt. Das erfordert eine Lesart, die im Blick behält, inwieweit die Texte zur Aufdeckung und zum Verständnis der Lebenswirklichkeit beitragen, in der Moralität einen Platz haben soll. Dabei steht nicht nur die Intention des Autors zur Debatte, sondern auch und in erster Linie die ihm meist unbewussten Voraussetzungen seines Denkens, die eine auslegende oder hermeneutische Lesart erfordern. Mit der Verbindung von Ethik und Hermeneutik erfährt die Interpretation von Lebenskunsttexten eine signifikante Verschiebung: Es geht nicht um die Feststellung einer unverrückbaren moralischen Wahrheit, sondern um die Erschließung vielfacher Deutungsmöglichkeiten menschlichen Verhaltens. Etwas überspitzt formuliert: Philosophische Lebenskunsttexte haben die Moral, die man ihnen gibt. Damit soll keiner absoluten Deutungswillkür und keinem kriterienlosen Pluralismus das Wort geredet werden. Vielmehr kommt es für einen philosophischen Umgang mit Lebenskunsttexten darauf an, die Ausbildung eines klassischen Kanons zu befördern, der den Wildwuchs ungeordneter Erfahrungen und Intuitionen beschneidet.

So viel zu den Vorfragen, die im Sinne einer Einführung geklärt werden müssen. Festzuhalten ist: Die Philosophie der Lebenskunst stellt keine wissenschaftstheoretisch etablierte Disziplin dar. Daraus folgt, dass ihr legitimer systematischer Ort im Rahmen der Philosophie noch gefunden werden muss. Ob dies gelingt, wird sich zeigen. Es könnte durchaus sein, dass die schon von den antiken Skeptikern geäußerten Zweifel daran, ob es eine

Lebenskunst überhaupt geben kann, sich als berechtigt erweisen. Auch heute werden gegen das Programm einer philosophischen Lebenskunst skeptische Argumente ins Feld geführt, die darauf hinauslaufen, dass die jeweiligen Lebensumstände keine allgemeingültigen Verhaltensnormen zulassen. Wie soll die moderne Philosophie der Lebenskunst damit umgehen?

Kunst und Leben

Betrachtet man den gegenwärtigen Stand der Diskussion, so zeigt sich, dass im Zuge des in den 1980er Jahren einsetzenden Ethikbooms, der zur Auffächerung der Ethik geführt hat, neben der angewandten Ethik die Philosophie der Lebenskunst auf die Tagesordnung gesetzt worden ist. Der Erfolg der Lebenskunst im Rahmen der Ethik ist sicherlich darauf zurückzuführen, dass sie zur soziologischen Individualisierungsthese passte, die einen in der Moderne stetig zunehmenden Zwang zur reflexiven Lebensführung beschreibt. In der postsäkularen Lebenswelt ist jeder dazu »verdammt«, sein Leben selbst zu organisieren und sich selbst immer wieder neu zu erfinden; ein Trend, der in den Formen virtuellen Lebens im Netz eine neue Qualität erreicht hat. In dieser Situation sind flexible Modelle gefragt, die auf absolut geltende moralische Gesetze verzichten. Infolgedessen ist die Lebenskunst in ihrer Tendenz, das Prinzipielle zu verabschieden, für den »flexiblen Menschen« so attraktiv geworden, dass sie der normativen Ethik klassischen Zuschnitts den Rang abläuft.

Die Reaktion auf den Siegeszug der Lebenskunstphilosophie hat im akademischen Bereich nicht auf sich warten lassen. In den letzten Jahren ist die Kritik am Programm der Lebenskunst immer lauter geworden. Denn es zeigt sich, dass ihr philosophisches Fundament doch nicht so tragfähig ist, wie es ihre Vordenker glauben machen wollen. Sowohl die Begriffe von Kunst und Leben, die in der Lebenskunst zusammengedacht werden, wie schließlich ihr Begriff von Philosophie selbst, sind klärungsbedürftig. Wenn Wilhelm Schmid das sogenannte »schöne Leben« (das darauf hinausläuft, dass jeder vor allem seine Emotionen genießt) zum Ziel der Lebenskunst macht, so verwundert es nicht, dass seine Lebenskunstbücher sich zunehmend dem Vorwurf ausgesetzt sehen, auf das Niveau von »Lebenskitsch« und »Wohlfühlpsychologie« abgesunken zu sein. Es ist daher an der Zeit, die philosophische Dimension der Lebenskunst unter Kriterien wissenschaftlicher Rationalität zu prüfen. In diesem Sinne kombiniert die vorliegende Einführung historische mit systematischen Aspekten. Es geht also um mehr als um eine Rehabilitierung der antiken Lebenskunst, aber auch um mehr als eine Bestätigung des modernen Individualismus im Fahrwasser von Michel Foucaults Programm der »Sorge um sich«. Die Darstellung dieser Einführung orientiert sich an der Entwicklung der Ethik im Spannungsfeld von Theorie und Praxis, um so schließlich den legitimen systematischen Ort der philosophischen Lebenskunst im Kontext der Moralphilosophie festzustellen.

Dies führt nach einem langen Weg von der antiken über die moderne Philosophie der Lebenskunst zu einer möglichen Zukunftsperspektive: philosophische Lebenskunst in Konvergenz mit der Lebensphilosophie. Freilich ist die Lebensphilosophie aus verschiedenen Gründen Anfang des 20. Jahrhunderts in Misskredit geraten, aber das sollte nicht übersehen lassen, dass ihr Lebensbegriff einen Bedeutungsraum erschlossen hat, der weiter reicht als der des transzendentalen Subjekts. Für die Lebenskunst bedeutet das: Leben ist nicht nur Objekt der Kunst, sondern auch ihr Subjekt. »Lebenskunst« oder »Kunst des Lebens« ist daher als *genetivus objectivus* wie auch als *genetivus subjectivus* zu lesen. Mit der Doppelseitigkeit des Begriffs »Leben«, Subjekt und

Objekt zugleich zu meinen, erreicht die Lebenskunst ein Reflexionsniveau, auf dem Theorie und Praxis, Denkform und Lebensform ihre gemeinsame Schnittmenge finden.

Auch der hier einschlägige Begriff von Kunst lässt sich nicht einfach auf Technik im Sinne von Fertigkeit reduzieren. Denn es gibt zwar ein »Lebenswerk«, das über die Lebenszeit hinaus Bestand hat, aber das macht das Leben selbst noch nicht zu einem Kunstwerk. Leben als Kunstwerk gehört zur Rhetorik einer ästhetizistischen Einstellung, die sich kaum mit den Härten des realen Lebensvollzugs zur Deckung bringen lässt. Mit dem Menschenbild hat sich im Laufe der Geschichte das Verständnis von der Kunst gewandelt, die zum Leben gehört: Steuermannskunst des *homo politicus*, Handwerkskunst des *homo faber*, Auslegekunst des *animal symbolicum*, Schauspielkunst des *homo ludens* – bis schließlich die blasse Figur des »Lebenskünstlers« auf den Plan getreten ist.

Bemerkenswert ist, dass derzeit die Idee der Kriegskunst in den Hintergrund getreten ist, obwohl niemand bestreiten würde, dass man das Leben durchaus als einen Kampf bezeichnen kann; nicht nur als Kampf mit anderen, sondern auch und vor allem als Kampf mit sich selbst. Die Ausblendung dieser Dimension geht wohl auf den Konsensualismus des kommunikativen Handelns zurück, in dem schließlich auch das Selbstverhältnis als ein positives »Mit-sich-befreundet-sein« definiert wird. In der verbreiteten Unfähigkeit des flexiblen Menschen des 21. Jahrhunderts, zu seinen Gefühlen auf Distanz zu gehen und sich mit Selbstironie zu begegnen, verbirgt sich ein dem Zeitgeist entsprechendes Harmoniebedürfnis, das durch die alltäglichen Kämpfe des Individuums mit sich selbst allerdings Lügen gestraft wird. Dagegen käme es darauf an, im Begriff der Lebenskunst auch Kunst als Machtfaktor mit ihren formalen Zwängen zu berücksichtigen. Dann würde deutlich, dass Lebenskunst eine Vollzugsform bezeichnet, die sich zwischen Handeln und Erleiden, zwischen Notwendigkeit und Freiheit, zwischen Nähe und Distanz bewegt.

Lebenskunst als Vollzugsform verbindet den empirischen mit dem normativen Standpunkt, wobei beide Standpunkte gleichursprünglich sind. Unter dieser Bedingung kann sich die Philosophie der Lebenskunst auf die veränderten Lebensbedingungen einstellen, ohne damit ihren ethischen Charakter einzubüßen. Darin ist die Lebenskunst dem Formalismus der Sollensethik überlegen. Denn der kategorische Imperativ lässt keine Weiterentwicklung der moralischen Wertvorstellungen zu. Wenn sich dagegen zeigen lässt, dass die Geltungsansprüche der Vernunft und die Lehren der Erfahrung durch den lebensphilosophischen Standpunkt kompatibel sind, dann hat die Lebenskunst als Philosophie eine Chance. So könnte die Philosophie der Lebenskunst die zukünftige Form moralphilosophischer Reflexion sein, welche die gängigen Oppositionen von teleologischer und deontologischer Ethik, von Tugend- und Pflichtethik, von Gesinnungs- und Handlungsethik, von Kognitivismus und Deskriptivismus im doppelten Sinne des Wortes »aufhebt«: bewahrt und auf eine höhere Reflexionsstufe bringt.

1. Der Ort der Lebenskunst im System der Philosophie

Damit dieses Buch nicht zu einer Einführung in etwas wird, was es gar nicht gibt und vielleicht auch nicht geben kann, wollen wir uns vor dem Einstieg in die Geschichte der Philosophie der Lebenskunst über ihren wissenschaftstheoretischen Status Klarheit verschaffen. In der Antike gehörte Lebenskunst (*techne tou biou*) zur Tugendethik. Mit der neuzeitlichen Auffassung von Moralphilosophie als rationale Normenbegründung verlor die Lebenskunst ihren Platz in der Philosophie und wurde der empirischen Psychologie und Psychotherapie zugerechnet. Daraus ist in der zweiten Hälfte des 20. Jahrhunderts die populäre Ratgeber-Lebenskunst erwachsen. Dagegen versteht sich die »Philosophie der Lebenskunst« als Integration von empirischer Lebenstechnik und normativer Ethik, eine Synthese, deren logischer Status allerdings schwer zu bestimmen ist.

Mit welcher Form von Wissen hat es die »Philosophie der Lebenskunst« zu tun? Handelt es sich um »gerechtfertigte, wahre Meinung«, und wenn ja, worin liegt diese Rechtfertigung? Bei diesen Fragen ist zu berücksichtigen, dass moralische Normen nicht nach dem Muster von Naturgesetzen gelten, sondern es handelt sich um Orientierungsmuster in praktischer Absicht, die den Menschen zu bestimmtem Verhalten motivieren und seine moralische Urteilskraft herausfordern. Es geht also um nichts weniger als um eine Beschreibung des menschlichen Selbstverhältnisses, der Selbstbesinnung und Selbstbestimmung, wie sie aus der Perspektive der ersten Person empfunden und gelebt werden. Man kann auch von Selbstbildern sprechen, deren Normativität verschiedene Formen des Wissens in sich vereint.

Selbstbilder als Daseinsmetaphern

Kommen wir zunächst zum Erfahrungswissen in seiner zweifachen Ausrichtung, als *knowing how* und *knowing that*. Ersteres betrifft Alltagswissen, also medizinische, psychologische und soziale Tatsachen, die jedem bekannt sind. Darüber hinaus geht es bei diesem Wissen aber auch um die Ergebnisse der empirischen Wissenschaften vom Menschen, die sich jeder mehr oder weniger leicht aneignen kann. Bei der zweiten Wissensform geht es um Regeln der Anwendung von Erfahrungswissen im Hinblick auf das körperliche und psychische Wohlergehen der Menschen. Die Regeln, die hier zur Anwendung kommen, sind rein pragmatischer Natur, d.h., sie funktionieren nach dem Prinzip von Mittel und Zweck im Umgang mit sich selbst. Hinzu kommen Regeln des sozialen Umgangs, die eine höhere strategische Kompetenz erfordern, in ihrer Zielsetzung aber vom Beobachterstandpunkt beschrieben werden können, so dass man Lebenskunstwissen unter die Rubriken Individualpsychologie und Sozialtechnologie einordnen kann.

Die Lebenskunst geht von empirischem Wissen aus, um daraus Handlungsmaximen oder hypothetische Imperative zu formulieren. Alltagswissen und wissenschaftliche Erkenntnisse über die Natur des Menschen bleiben moralisch aber nie neutral; sie gehen immer in das Bild ein, das sich der Mensch von sich und von seiner Welt macht. Der Prozess der Moralisierung besteht demnach darin, Erfahrungswissen in Symbole des menschlichen

Selbstverständnisses zu verwandeln, sie zu »Daseinsmetaphern« (Hans Blumenberg) zu machen, die den moralischen Sinn des Menschen prägen. Damit kommt das Selbstverständnis des Menschen ins Spiel, das davon abhängt, in welcher Relation Lebenszwecke und Verhaltensregeln zueinander stehen. Ziele und Wege lassen sich nicht unabhängig voneinander definieren, sondern stehen in permanenter Wechselwirkung, so dass die subjektive und die objektive Seite des Lebensvollzugs im Selbstverständnis korrelieren. Anders gesagt: Moralität unterliegt Forderungen, die nicht von außen an den Menschen herantreten, sondern mit dem Selbstsein der Person zusammenfallen. Das ergibt sich aus der Einsicht der philosophischen Anthropologie, die im Menschen das Wesen erkannt hat, dessen Sein von seinem Bewusstsein abhängt. Bewusstsein aber beschränkt sich nicht auf theoretische Selbstreflexion, sondern umfasst ein praktisches Selbstverhältnis, das im Selbstwertgefühl des Menschen Ausdruck findet.

Zwischen Doxa und Episteme

Eine philosophische Dimension erreicht die Lebenskunst erst dann, wenn die Ziele, zu denen die Verhaltensregeln führen sollen, selbst thematisiert und problematisiert werden. Wenn die Philosophie der Lebenskunst es mit Reflexionswissen zu tun hat, erhebt sich die Frage, welche Stelle sie im System der Philosophie einnimmt. Denn betrachtet man Philosophie, wie heute üblich, als begründende Wissenschaft, so klingt »Philosophie der Lebenskunst« wie ein hölzernes Eisen. Man könnte sogar den Vorwurf erheben, dass sie den Sinn der Lebenskunst verkehrt. Denn Kunst will eben keine Wissenschaft sein, sondern eine den Situationen angemessene Technik, die auf Erfahrung und nicht auf Prinzipien beruht. Auch zu anderen Dichotomien steht das Programm einer philosophischen Lebenskunst quer, so zur Unterscheidung von Theorie und Praxis, sodann zur Kontrastierung von Meinung und Wissen, *doxa* und *episteme*, und schließlich, wie bereits ausgeführt, zur Opposition von empirischem und normativem Standpunkt. Mit Immanuel Kant zu sprechen: Wo liegt das »Gebiet«, auf dem die Philosophie der Lebenskunst gesetzgebend ist?

In historischer Perspektive steht die Lebenskunst den Weisheitslehren am nächsten, wie sie im vorklassischen Griechenland verstanden und praktiziert wurden. Freilich kann ein moderner Begriff philosophischer Lebenskunst nicht mehr die religiösmythischen Motive enthalten, von denen die griechischen und orientalischen Weisheitslehren getragen wurden. Wir haben es also systematisch mit dem Problem der Vereinbarkeit von theoretischer Einsicht und praktischer Einstellung zu tun, die sich einerseits ausschließen, andererseits aber aufeinander verweisen. Gesucht ist eine neuartige Form philosophischer Reflexion, die sittliche Einsicht als universale Kritik menschlicher Lebensziele begreift. Der Praxisbezug ist mehr und etwas anderes als Anwendung universaler Normen, er ist der Formulierung von Handlungsnormen immanent. Die »angewandte Ethik«, wie sie heute als akademische Spezialdisziplin konzipiert ist, erfüllt die gesuchte Wissensform allerdings noch nicht. Denn Lebenskunst betrifft das Selbstverständnis des ganzen Menschen und nicht nur die Regulierung einzelner Tätigkeitsbereiche. Der Ort der modernen Lebenskunst als philosophische Disziplin ist demnach auf einem Gebiet zwischen Moral und Ethik zu suchen. Ein sprachliches Indiz dafür ist die Bedeutungsverschiebung, die das Wort »ethisch« erfahren hat. Heute wird das Wort auch dort gebraucht, wo man früher »moralisch« sagte (z. B. jemand habe ethisch richtig gehandelt). Damit wird deutlich, dass die Aufgabe des »Lebenskünstlers« und die des Philosophen zwar nicht zusammenfallen, aber auch nicht völlig voneinander getrennt werden können.

Normative Disziplin und Kunstlehre

Die Verschränkung von Lebenskunst und Moralphilosophie lässt sich mit Edmund Husserl (1859–1938) verdeutlichen, der im ersten Band seiner *Logischen Untersuchungen. Prolegomena zur reinen Logik* (1900) den Begriff einer »normativen Disziplin« wie folgt expliziert: Im Unterschied zur praktischen Disziplin oder Kunstlehre, die es mit der Realisierung bestimmter Zwecke zu tun hat, richtet sich eine normative Disziplin auf Haltungen, unabhängig davon, ob sie sich praktisch realisieren lassen oder nicht. So muss man beispielsweise einen Begriff vom »guten« Krieger haben, um das normative Urteil »Ein Krieger soll tapfer sein« fällen zu können. Der Begriff vom guten Krieger kann nach Husserl nur in einer allgemeinen »Werthaltung« gründen, wobei die Frage, ob es sich um eine objektiv gültige oder bloß subjektive Einschätzung handelt, für den Sinn des normativen Urteils unerheblich ist (LU I, § 14).

Husserl erläutert den Unterschied von normativer und praktischer Disziplin oder Kunstlehre am Beispiel von Schopenhauers Ethik (LU I, § 15). Dieser habe keine Sollensethik entworfen, habe also kein Universalrezept für tugendhaftes Handeln gegeben. Gleichwohl halte er an einer Ethik als normativer Wissenschaft fest, denn er lasse moralische Wertunterscheidungen keineswegs fallen. Husserl ist nun der Meinung, dass jede normative und mehr noch jede praktische Disziplin eine theoretische Disziplin als Fundament besitze. Ihre Sätze enthalten nichts vom Gedanken einer Normierung, sie formulieren die Beziehung zwischen Norm und praktischem Verhalten als Relation zwischen Bedingung und Bedingtem. In diesem Sinne folgt die theoretische Disziplin der Idee einer »reinen Logik«, die von psychologischen Tatsachen und Gesetzen unabhängig ist.

Lebensweltliches Apriori

So begrüßenswert die Distanzierung der Logik von der Psychologie auch ist, das Programm einer reinen Logik als »Denklehre« stößt auf Schwierigkeiten, weil sie die Existenz von idealen Bedeutungen behaupten muss. Die analytische Philosophie hat sich von dieser metaphysischen Position gelöst und betreibt Logik als Lehre von Strukturen sprachlicher Verlautbarungen, von Aussagen, die entweder wahr oder falsch sind (vgl. G. Patzig, Art. *Logik*, 1958). Husserl selbst ist diesen Weg nicht gegangen. Er hat später aber die strenge Trennung von Psychologie und Philosophie aufgegeben und Philosophie als »genetische Phänomenologie« entwickelt, die Gedanken nicht mehr platonisch als zeitlose Bedeutungsinhalte auffasst, sondern als reproduzierbare mentale Prozesse. Dabei spielt die Assoziation eine zentrale Rolle, aber nicht im Sinne der empiristischen Assoziationspsychologie, sondern als Bildung notwendiger Bedeutungszusammenhänge nach dem Muster der modernen Gestaltpsychologie. Diese genetische Perspektive lässt sich auch auf die Ethik anwenden, in der die Geltung von Normen nicht unabhängig von ihrer Entstehung begründet werden kann. Eine rein formallogische Begründung moralischer Normen lässt sich dagegen kaum durchhalten. Logische Formen regulieren zwar das Denken, motivieren aber nicht zum Handeln, und in der Moral kommt es auf Motivation an, damit sie praktisch werden kann.

Wie das Problem der Motivation gelöst werden kann, dafür hat Husserls Lebensweltphänomenologie der 1930er Jahre einen Weg gewiesen. Sie geht von Evidenzen der unmittelbaren Erfahrung aus und zeigt auf dem Gebiet der Wahrnehmung Zusammengehörigkeiten von Bewusstseinsinhalten auf, z.B. dass jede visuelle Raumvorstellung mit einer Farbvorstellung verbunden ist. Diese sogenannten »Fundierungsrelationen« betreffen nicht nur die sinnliche Wahrnehmung, sondern auch das moralische Empfinden. So wie Gestalten eine bestimmte Fortsetzung ihrer Wahrnehmung fordern, so geht von bestimmten Erfahrungen eine Aufforderung aus, der sich der Handelnde nur schwer entziehen kann; so beispielsweise die Empörung, die uns zum Einschreiten drängt, wenn wir sehen, wie ein Hilfloser misshandelt oder ein Ahnungsloser betrogen wird. Auch auf dem Gebiet des Willens gibt es Zusammenhänge, die nicht beliebig aufgelöst werden können. So hält sich unser Glücksstreben stets im Rahmen einer gewissen moralischen Einstellung, die in der Regel freilich nicht thematisch ist. Ein Satz der Lebenserfahrung wie »Niemand kann ohne moralische Überzeugung auf Dauer glücklich sein« verbindet Sein und Sollen, ohne dass der Eindruck eines naturalistischen Fehlschlusses entsteht. Wenn es auch zur Lebenserfahrung gehört, dass der moralisch Gute von der Welt nicht belohnt wird, so bleibt doch ein innerer Zusammenhang zwischen Moralität und Glück, der im Begriff des Gewissens zum Ausdruck kommt. Denn anders als ein Gesetzesbrecher, der es mit äußeren Sanktionen zu tun hat, kann sich der unmoralisch Handelnde inneren Sanktionen, der »Stimme des Gewissens« nicht entziehen. Diese erhebt sich immer dann, wenn das Streben nach Glück Mittel einsetzt, die unserer Überzeugung davon widersprechen, wie es in der Welt zugehen sollte, nämlich gerecht.

Der dem Glücksstreben immanente Sinn für Gerechtigkeit ist nicht zu verwechseln mit dem positiven Recht und liegt auch der kantischen Unterscheidung von Recht und Moral voraus. Selbst wer geltendes Recht verletzt, handelt aus dem Gefühl heraus, damit der Gerechtigkeit Genüge zu tun. Das trifft nicht nur für einen Robin Hood zu, sondern gehört zum Selbstwertgefühl des »normalen« Menschen. Gerechtigkeit oder besser Gerechtigkeitssinn ist demnach nicht auf einen bestimmten Zweck gerichtet, sondern darauf, sich überhaupt Zwecke zu setzen, ohne die individuelles Glücksstreben unmöglich wäre. Nicht zufällig hat Arthur Schopenhauer seine Mitleidsethik auf eine »moralische Rechtslehre« gegründet, der zufolge die mutwillige Verletzung eines Willens zum Leben den Ausgangspunkt für moralische Wertunterscheidungen bildet. Für die Explikation dieses Fundierungsverhältnisses von Glück und Moral bedarf es keiner selbständigen Sollensethik, sondern des Schrittes von der Lebenskunst zur Lebensphilosophie.

Die dem Glücksstreben impliziten Werthaltungen sind mit der »Selbstverständlichkeit« gemeint, die im 19. Jahrhundert dem Moralischen zugeschrieben wird und die Husserl für die lebensweltliche Erfahrung insgesamt in Anspruch nimmt. Die Selbstverständlichkeit des Moralischen umfasst mehr als das Übliche und Tradierte, es handelt sich um ein konkretes Apriori der Lebenserfahrung, das dem logischen oder propositionalen Apriori ethischer Normenbegründung vorausgeht. Hierauf passt Husserls Begriff der »Lebenswelt«, der nicht nur ein Erfahrungsgebiet, die soziale Welt, bezeichnet, sondern eine spezifische Form der Erfahrung, welche das Gegebene immer im Kontext seiner Entstehung begreift. »Lebenswelt« bzw. lebensweltliche Erfahrung steht somit für das subjektive Erleben, das aber durchaus allgemeine Strukturen aufweist. Lebensweltliche Evidenzen, die einer Begründung weder fähig noch bedürftig sind, spielen nicht nur für das gegenständliche Erkennen, sondern auch für das moralische Empfinden eine konstitutive Rolle. Sie werden als lebendige Orientierungsmuster empfunden, die sich im Lebensvollzug herauskristallisieren und als solche das moralische Verhalten regeln.

Mit den lebensweltlichen Evidenzen tut sich im System der Philosophie ein Feld zwischen Logik und Psychologie auf, das sich strukturell-funktional beschreiben lässt. Husserl spricht von »transzendentaler Erfahrung« oder »Wissenschaft von der Lebenswelt«; man kann sie auch »Vorwissenschaft« nennen. Übertragen auf die Lebenskunst ließe sich von »Protoethik« sprechen. Ohne Hintergrundgewissheiten würde rationale Normenbegründung in der Luft hängen. Nach dem Schema der genetischen Phänomenologie verfährt auch der kanadische Philosoph Charles Taylor in seiner Untersuchung über die *Quellen des Selbst* (1994), die zugleich die Quellen der Moral sind. Das Selbst, um das es hier geht, ist mehr als ein System natürlicher Bedürfnisse, es bewegt sich immer schon in einem moralischen Raum, der verschiedene Stufen der Artikulation von Gegebenheiten der Erfahrung enthält. Darin gleicht moralisches Bewusstsein strukturell der Lebenserfahrung, die zwar allgemein, aber unübertragbar ist. Damit scheint mir der systematische Ort abgesteckt, an dem sich philosophische Lebenskunst ansiedeln lässt. Es ist das weite Feld zwischen dem empirischen und dem logischen Standpunkt, auf dem die Lebenskunst als eine Form von Philosophie fungiert, welche die Opposition von Genesis und Geltung unterläuft.

Normen und Werte

Nach diesem ersten Versuch einer systematischen Verortung der philosophischen Lebenskunst gilt es nun, das sie tragende normative Element zu konkretisieren. Husserl spricht von »Wertunterscheidungen« bzw. »fundamentalen Werthaltungen«. Was ist damit gemeint? Mit der Einführung des Wertbegriffs in die Ethik beschreibt Husserl einen Typus, dessen Normativität sich klar vom kategorischen Imperativ Kants unterscheidet. Die Formulierungen des kategorischen Imperativs haben Gesetzescharakter, die Normativität von Werturteilen ist dagegen weniger apodiktisch. Denn Werte lassen sich nicht allein aus der Form des Handelns ableiten, sondern berücksichtigen immer auch die Inhalte. Es gibt daher zunehmend Versuche in der Ethik, zwischen Werten und Normen zu unterscheiden. Normen sprechen den Menschen allein als Vernunftwesen an, handele es sich nun um die individuelle oder um eine kollektive Vernunft, die diskursiv im Austausch von Gründen entsteht. Rational begründete Normen nehmen in ihrer Universalität keine Rücksicht auf die psychologischen und sozialen Bedingungen ihrer Umsetzung. Das stürzt die Betroffenen oft genug in seelische Konflikte, wie sie der Rigorismus des kategorischen Imperativs hervorrufen kann.

Dagegen geht der Wertbegriff vom Bedürfnissystem des ganzen Menschen aus und hält sich im Rahmen der emotionalen Motivation menschlichen Handelns. Werte lassen sich als Objektivationen subjektiver Wünsche beschreiben, wobei die Objektivation in der Anerkennung durch die Gemeinschaft besteht. Hier ist allerdings eine Differenzierung vorzunehmen. Versteht man unter Gemeinschaft real existierende Kollektive, so bleibt man auf der Ebene eingespielter Üblichkeiten und sozialer Zwänge. Moralische Werte entstehen erst dann, wenn die Anerkennung aus freien Stücken und uneigennützigen Motiven erfolgt. Moralische Werte implizieren also eine kritische Distanz gegenüber dem Streben nach Glück und ein Bewusstsein der Dialektik von Egoismus und Altruismus. Daraus resultiert die Unterscheidung verschiedener Arten von Werten, wobei sich die Einteilung in äußere und innere Werte durchgesetzt hat.

Der Widerstreit von inneren und äußeren Werten stellt das Selbstwertgefühl der Menschen oft auf eine harte Probe. Gesellschaftlicher Erfolg erfordert Anpassungen, die sich mit den moralischen Werten des Einzelnen nur selten vereinbaren lassen. Wie soll sich der Mensch in solchen Situationen verhalten? Es ist ein Leichtes, dazu aufzufordern, die inneren Werte höher zu stellen als die äußeren. Aber die Realität sieht meist anders aus. Es ist sehr schwierig, auf den Erfolg zu verzichten, zumal in einer Welt, in der das Leben zunehmend von monetärer und medialer Konkurrenz bestimmt ist. Es wird deutlich, dass eine Wertethik menschliches Handeln nicht unabhängig von sozialpsychologischen Rahmenbedingungen betrachten kann, um dem Menschen als gesellschaftlichem Wesen gerecht zu werden. In diesem Punkt ähnelt der Wertbegriff durchaus dem antiken Tugendbegriff, weshalb es nicht verwundert, dass schon nach der Wende zum 20. Jahrhundert eine »Rehabilitierung der Tugend« auf die Tagesordnung gesetzt wurde.

Blickt man von hier aus auf die Unterscheidung von teleologischen und deontologischen Ethiken, so gehört Wertethik zum teleologischen Ethiktypus. Dabei hat sich freilich der Begriff »Telos« gegenüber der antiken Ethik wesentlich verändert. Kein vorgegebenes, in der Ordnung des Kosmos verankertes Ziel dient als Maßstab für menschliches Handeln, sondern die Wertung liegt im Vollzug des Lebens selbst. Dazu gehört freilich mehr als ein bloßes Dahinleben. Das Leben wird »geführt«, und dazu bedarf es der Steuermannskunst. Aber das heißt nicht, dass das Leben als »Projekt« realisiert werden kann. Die Machbarkeit hat Grenzen; im Leben ist jeder immer Handelnder und Leidender zugleich. Das macht die Normativität des Faktischen aus, der zufolge eine realistische Wahrnehmung der Welt und des Selbst immer schon eine Wertung enthält. Eine rein objektive Erkenntnis moralischer Normen gehört dagegen ins Reich des Intelligiblen, das sich der menschlichen Erfahrung entzieht.

Zwischen philosophischer Anthropologie und Existenzphilosophie

Es ist das Verdienst von Max Scheler (1874–1928), in seinem Werk *Der Formalismus in der Ethik und die materiale Wertethik* (1913/16) die Ethik vom anthropologischen Standpunkt neu begründet zu haben. Der Mensch als »weltoffenes Wesen« lässt sich nicht auf das *animal rationale* der antiken Tradition reduzieren. In Auseinandersetzung mit der Moralphilosophie Kants gelingt es Scheler, den philosophischen Begriff des Lebens in die Ethik als normative Disziplin zu integrieren, die damit ihren präskriptiven Rigorismus verliert. Dass Schelers materiale Wertethik nicht Schule gemacht hat, hat geistesgeschichtliche Gründe, die hier nicht weiter verfolgt werden können. Eins aber ist von ihr geblieben: Mit der Einführung des Wertbegriffs nähert sich die Ethik der Lebenskunst an. Umgekehrt erhält diese eine philosophische Dimension; einen im Begriff des Lebens selbst verankerten Bedeutungsraum zwischen Theorie und Praxis, in dem sich moralisches Wertbewusstsein ausbildet.

Methodisch schließt sich Scheler an die Phänomenologie Husserls an, als deren populärer Vertreter er eine Zeit lang wahrgenommen wurde. Allerdings unterscheidet sich Scheler von der Subjektphilosophie Husserls darin, dass er die Prozesse der Wertbildung auf den ganzen Menschen in seiner lebensweltlichen Bedingtheit bezieht. Für die Ethik wird damit die Binärcodierung der Handlungen nach Gut und Böse ersetzt durch eine Werthierarchie, wobei die Klasse der Lebenswerte eine besondere Rolle spielt. Auch wird Wertbildung nicht nur auf Erkenntnis zurückgeführt, sondern hat ebenso einen emotionalen Hintergrund. Die Schichtung des emotionalen Lebens und die ihr entsprechenden Wissensformen lassen erkennen, dass die Begründung moralischer Werte nicht unabhängig von ihrer Umsetzung erfolgt. Genesis und Geltung gehen in der materialen Wertethik ineinander über, so wie es in der theoretischen Philosophie die Gebrauchstheorie der Bedeutung lehrt. Darin liegt die genuin lebensphilosophische Dimension der Wertethik, welche zur Vereinigung von Phänomenologie und Lebensphilosophie führt. Auf diese Weise wird der Weg frei für eine Philosophie der Lebenskunst.

Anders als Scheler, der dem lebensphilosophischen Weltbegriff nahesteht, hat sich Martin Heidegger in *Sein und Zeit* (1927) zumindest terminologisch von der Lebensphilosophie verabschiedet (den Begriff hält er für einen Pleonasmus wie etwa »Botanik der Pflanzen«; *SuZ* § 10) und »Leben« durch »Dasein« und »Existenz« ersetzt. Denn der Ansatz beim Leben bleibe im Banne der antik-christlichen Anthropologie und verfehle so die transzendentale Tiefendimension, die er fundamentalontologisch erschließen möchte. Dementsprechend hat Heidegger der praktischen Philosophie keinen selbständigen Platz eingeräumt. Die Frage, wann er eine Ethik schreibe, lässt er offen, stellt aber im *Brief über den Humanismus* (1947) unmissverständlich klar, dass es keine allgemein verbindlichen Regeln gebe, »die sagen, wie der aus der Eksistenz zum Sein erfahrene Mensch geschicklich leben soll« (GA 9, 353). Damit weist Heidegger auch das antike Konzept einer Lebenskunst als zu technisch zurück. Doch ist damit die Lebenskunst definitiv aus dem System der Philosophie verbannt?

Dass dem nicht so ist, macht eine Vorlesung aus dem Jahr 1928 mit dem Titel *Metaphysische Anfangsgründe der Logik im Ausgang von Leibniz* deutlich. Heidegger spricht dort von »Existierkunst«, die er darin sieht, sich dem Vollzug des Handelns zu stellen, ohne darüber die Endlichkeit des Lebens zu vergessen (GA 26, 201). Es geht also nicht um blinden Aktionismus, aber auch nicht um rein theoretische Selbstreflexion. Das Verstehen wird als Modus des Handelns selbst aufgefasst, was Heideggers bekannter Definition menschlichen Daseins als dem Seienden, dem es »in seinem Sein *um* dieses Sein selbst geht«, entspricht. Die Dynamisierung des Seins, die *Sein und Zeit* von der Substanzmetaphysik trennt, findet in den Begriffen der »Sorge«, des »Seinkönnens« und des »Sich-Verstehens-auf« ihre empirisch-praktische Realisierung, auch wenn Heidegger seine Fundamentalontologie nicht als Anthropologie verstanden wissen will.

Es ist hier nicht der Ort zu entscheiden, ob Heideggers existenzphilosophisches Programm das System der Transzendentalphilosophie wirklich sprengt. Aber jenseits dieses Anspruchs lässt sich sein Verfahren der Daseinsanalytik als Weg zur Selbsterkenntnis, die schließlich zur Erschließung des Sinns von Sein führen soll, durchaus im Sinne der Lebenskunst als »Sorge um sich« interpretieren. Auch für die Existenzphilosophie sind – ähnlich wie für die Lebensphilosophie – absolute Gebote, die nicht dem Lebens- bzw. Existenzvollzug entspringen, unsinnig. Insofern ist für die Ethik als rein formale Begründung moralischer Normen bei Heidegger kein Platz. Das bedeutet allerdings nicht, dass die Existenzphilosophie auf Wertunterscheidungen verzichtet. Im Gegenteil, Heideggers Abwertung der reinen Theorie zugunsten des praktischen Lebensvollzugs ist zwar nicht im Sinne von Kants »Primat der praktischen Vernunft« zu verstehen, hält aber deren Gebiet auf existenzielle Weise besetzt. Heidegger will zwar von Lebenskunst nichts wissen, weil sie nach seiner Meinung zu technisch verfährt, aber sie ließe sich durchaus in die metaphysischen Anfangsgründe der Logik einordnen. Insofern entfernt sich Heidegger auch nicht so weit von der Hierarchie der Disziplinen, wie sie Husserl in den *Logischen Untersuchungen* für die Ethik entworfen hat. Philosophie der Lebenskunst, so das Fazit, will er als »Logik des Lebens« verstanden wissen. Damit ist der systematische Rahmen abgesteckt, in dem sich die Darstellung der Geschichte der Lebenskunst in den folgenden Kapiteln bewegt. Die philosophische Dimension der modernen Lebenskunst lässt sich als phänomenologische und zugleich lebensphilosophische Transformation des kantischen Transzendentalismus beschreiben. Damit behält Lebenskunst einen normativen Geltungsanspruch, der sie zur ernsthaften Konkurrenz für die Sollensethik gemacht hat.

Historische Perspektiven in systematischer Absicht

Der Weg der Lebenskunst ist voller Abweichungen und Brüche, aber es lässt sich über drei Jahrtausende doch eine gewisse Kontinuität ausmachen, die durch Einbeziehung immer weiterer Gebiete der menschlichen Existenz gekennzeichnet ist. Geht man von der antiken Tugendethik mit ihrer Leitidee der Phronesis aus, so kann man die philosophische Lebenskunst der Gegenwart als Rückkehr zu den Anfängen interpretieren, freilich auf einem höheren Reflexionsniveau. Die ursprüngliche Einheit von Weisheit und Klugheit, von Sophia und Phronesis, ist durch die neuzeitliche Auffassung vom Menschen als transzendentales Subjekt verloren gegangen. Das macht die Geschichte der Lebenskunst aber nicht automatisch zu einer Verfallsgeschichte, wie konservative Denker die Geschichte der Tugendethik zu erzählen pflegen (z. B. Alasdair McIntyre, *Verlust der Tugend*, 1995). Vielmehr handelt es sich um eine Geschichte des Ausgleichs von Gewinn und Verlust. Aus dieser historischen Perspektive läuft die Philosophie der Lebenskunst darauf hinaus, die neuzeitliche Abschnürung moralischer Prinzipien von der Lebenspraxis zu vermeiden und Theorie und Praxis in Wechselwirkung vorzustellen.

Welche Formen die Synthese von Theorie und Praxis annimmt, hängt stark vom Wandel des sozialen Umfelds und des sich daraus ergebenden Selbstverständnisses des Menschen ab. Eine Darstellung der Philosophie der Lebenskunst kann deshalb anders als eine »normale« Philosophiegeschichte keine reine Dogmengeschichte sein, sondern muss immer auch ein Stück Sozialgeschichte umfassen – und zwar entsprechend den verschiedenen Bereichen, auf denen sich das menschliche Leben abspielt: Familie, Beruf, Öffentlichkeit usw. Aus dem Kontext ergeben sich Schwankungen in der Auffassung der Lebenskunst zwischen den Extremen angewandter Psychologie auf der einen und regionaler Ontologie auf der anderen Seite. Die folgenden Kapitel wollen den Mittelweg aufzeigen, den die vorwissenschaftliche Lebensweisheit gegangen ist, um zur philosophischen Lebenskunst zu werden. Was die gegenwärtige Diskussion betrifft, ist es nicht leicht, ein Bild von einem einheitlichen Forschungsstand zu geben. Mittlerweile stellen viele Texte zur Ethik einen Bezug zur Lebenskunst her, so dass durch Auswahl repräsentativer Autoren ein möglichst weites Panorama der vielfältigen Ansätze entsteht.

2. Hellenistischer Individualismus: Von der Eudämonie zum Hedonismus

Die europäischen Anfänge der philosophischen Lebenskunst liegen im antiken Griechenland. Nach einer weitverbreiteten Auffassung tritt die gesamte Ethik der Antike als Lebenskunst auf (Pierre Hadot, *Philosophie als Lebensform*, 2002). Sicherlich unterscheidet sich die antike Ethik generell von der modernen, auf Normenbegründung ausgerichteten Moralphilosophie darin, dass sie sich auf die Persönlichkeitsbildung richtet. Glückssicherung und Selbstsorge sind die Ziele, deren Erreichen mehr erfordert als pragmatisches Denken und technische Geschicklichkeit, nämlich eine wertorientierte Lebenskunst (griech.: *techne peri bion*). So hat sich, kantisch gesprochen, die Überzeugung vom »Primat der praktischen Vernunft« in der hellenistischen Philosophie durchgesetzt. Dieses Bild dürfte im Großen und Ganzen zutreffen. Betrachtet man die einzelnen Schulen der antiken Philosophie für sich, so zeigt sich, dass theoretische und praktische Elemente in der Lebenskunst unterschiedlich verteilt sind und dass die unterschiedliche Akzentuierung verschiedene Spielarten hervorgebracht hat. Die historische Darstellung der antiken Lebenskunst muss daher die philosophischen Strömungen gesondert betrachten.

In den 1970er Jahren hat eine Rehabilitierung der antiken Tugendethik eingesetzt. Die Vorzüge gegenüber einer im Formalen bleibenden Ethik rationaler Normenbegründung dürfen die Grenzen der Lebenskunst aber nicht übersehen lassen. Es bestehen Defizite nicht nur gegenüber dem Rationalismus und Universalismus moderner Normenbegründung; auch gegenüber einem alternativen Konzept materialer Wertethik bleibt die antike Lebenskunst an metaphysische Positionen gebunden, die dem modernen Verständnis wissenschaftlicher Rationalität nicht standhalten. Auch in empirischer Hinsicht, insbesondere was psychologische und soziologische Voraussetzungen betrifft, bewegt sich die antike Lebenskunst auf einem vormodernen Niveau. Diese Aspekte sollen in der Darstellung Berücksichtigung finden. Es geht also darum, eine bloße Gegenüberstellung von antiker und moderner Ethik zu vermeiden und stattdessen ein überschaubares Bild der antiken Lebenskunst zu entwerfen, das historisch differenziert, zugleich aber den gemeinsamen Gedanken und die leitende Idee der verschiedenen Ausprägungen der Tugendethik herausarbeitet.

Vorsokratische Weisheitslehren

Die Ursprünge der antiken Ethik liegen in den religiös-mythischen Weisheitslehren des Vorderen Orients. In Griechenland hat sich daraus die Gattung der Weisheitssprüche, der »Gnomen«, wie sie genannt wurden, entwickelt. Solche sprichwortartigen Sätze wurden hervorragenden Männern wie den »Sieben Weisen« zugeschrieben. Einer ihrer Sätze, der die Lebenseinstellung der frühgriechischen Völker sehr treffend charakterisiert, lautet: »Das Größte: der Raum, denn er umfasst alles. Das Schnellste: der Geist, denn er durchläuft alles. Das Stärkste: die Notwendigkeit, denn sie bezwingt alles. Das Weiseste: die Zeit, denn sie entdeckt alles.« Auch das »Erkenne dich selbst!« des Orakels von Delphi betrachtet die Einsicht in die Natur des Menschen als Voraussetzung für soziales und persönliches Wohlverhalten. Die verschiedenen Deutungsmöglichkeiten des Orakelspruchs lassen erkennen, dass Spruchweisheiten mehr enthalten als die Lebenserfahrung, wie sie etwa in Sprichwörtern zum Ausdruck kommt. Die Spruchweisheit ist schon Resultat einer ethischen Reflexion, die das Übliche hinterfragt.

Die Weisheitslehre lässt sich als vorwissenschaftliche Form einer Synthesis von Theorie und Praxis interpretieren, die sich im Übergang vom Mythos zum Logos entwickelt. Die Weisheit erhält dadurch den Status eines ausgezeichneten Wissens, das von den Göttern stammt. Der prägnante Stil verleiht den Weisheitssprüchen einen Nimbus des Geheimnisvollen, der anders als Sprichwörter zur Auslegung auffordert. Darin liegt eine Weichenstellung, die für den Typus der antiken Ethik insgesamt prägend wurde. Auch dort, wo Handlungsmaximen aufgestellt werden, haben sie keinen kategorischen Charakter, sondern lassen dem Adressaten Raum für eigene Sinngebung. Exemplarisch dafür sind die *Aphorismen* des Hippokrates mit dem berühmten Eingangsaphorismus: *vita brevis, ars longa.* Die der Erhaltung des Lebens gewidmete medizinische Kunst gibt keine festen Rezepte, sondern implizite Anweisungen, sich naturgemäß zu verhalten. Dadurch kommen ausgezeichnete Köpfe – wir würden heute sagen Experten – als Lebensberater ins Spiel; eine Funktion, die zunächst Priester und Staatsgründer wie Solon, später Berufsphilosophen ausgefüllt haben.

Durch die Entmythologisierung und Säkularisierung des griechischen Geisteslebens nach dem Sieg über die Perser wandelten sich die mythisch-religiösen Weisheitslehren zu Techniken der Karriereplanung. Exponenten dieser neuen Wissensform, die man mit Max Scheler »Herrschaftswissen« nennen kann, waren die Sophisten. Sie lebten wie Gorgias in Athen und Olympia als Wanderlehrer, an deren Kursen man gegen Entgelt teilnehmen konnte. Sophisten waren Aufklärer, die göttliche Autorität und religiöse Tradition hinterfragten und durch Argumente zu ersetzen suchten. Die Idee einer rationalen und moralischen Konditionierung des Menschen hatte einen Relativismus und Pragmatismus zur Folge, der die Sophisten als rhetorisch versierte Wahrheitsverdreher in Verruf brachte. Ob es sich hier nur um ein Zerrbild handelt, bleibe dahingestellt. Unbestreitbar ist, dass die Wirkung der sophistischen Lehrtätigkeit in der Polis einer geistigen Revolution gleichkam. Die neuen Weisheitslehrer lösten die Einheit der mythischen Weltbetrachtung auf und transformierten die Weisheitslehren mit ihrer tiefen Lebensweisheit in die Kunst, mit dem Wissen nutzbringend umzugehen. Insofern hat die antike Definition, der Sophist sei »ein Mittelding zwischen Philosoph und Politiker«, einiges für sich. Das sophistische Philosophieverständnis lässt sich jedenfalls durchaus der Ethik als Lebenskunst zurechnen.

Sokratische Hebammenkunst

Die Spannung zwischen den vorsokratischen Weisheitslehren und der Idee einer wissenschaftlichen Philosophie, die keine Tradition fraglos hinzunehmen bereit ist, äußert sich in der Gestalt des Sokrates, den Platon (ca. 428–348 v. Chr.) in seinen Dialogen als Gegenspieler der Sophisten auftreten lässt und der mit den Sophisten zugleich den Glauben an Persönlichkeitsbildung durch begriffliche Analysen und Argumente teilt. Trotz dieser Gemeinsamkeit steht der platonische Sokrates doch in einem anderen Verhältnis zu den mythischen Weisheitslehren als die Sophisten. Diese entmythologisieren die Weisheit im Sinne eines pragmatischen Rationalismus. Sokrates dagegen hält an einem mythischen Begriff von Weisheit im Unterschied zur wissenschaftlichen Rationalität fest, stellt sich aber selbst nicht als Inhaber göttlicher Weisheit dar, sondern definiert seine Philosophie als Streben nach Weisheit. Darin liegt eine neuartige Synthese von Weisheit und Wissenschaft, die in der Idee der Selbsterkenntnis ihren Fluchtpunkt hat. Auf diese Weise gewinnt die philosophische Lebenskunst eine Dynamik, die Platons Philosophieverständnis im Ganzen auszeichnet. Für Platon ist die Eudämonie, die Glückseligkeit, das höchste Ziel menschlichen Strebens, aber der Glückszustand steht nicht im Zentrum seiner Überlegungen. Die Dialoge schildern vielmehr das Ringen des Menschen um die Tugend, die als Weg zum Glück für die Charakterbildung wichtiger wird als das Ziel selbst.

Seine literarische Form hat Platons Begriff von Philosophie als Lebenskunst in seinen Dialogen gefunden. In diesen tritt Sokrates als Lehrer auf, der sich dem Eros stärker verpflichtet fühlt als dem Logos. Zwar bejaht Sokrates mit den Sophisten die Frage, ob Tugend lehrbar sei; doch er tut dies in einem anderen, tieferen Sinne. Nicht in Form der Wissensvermittlung, sondern durch Aktivierung der eigenen Kräfte des Schülers im Gespräch. Die Kunst, deren sich Sokrates bedient, nennt er nach dem Beruf seiner Mutter »Hebammenkunst«. Diese gilt noch heute bzw. heute wieder als Vorbild aller guten Pädagogik, welche Selbständigkeit des Denkens und Authentizität des Fühlens höher stellt als Konditionierung. Demnach kann im Schulunterricht Lebenskunst kein fest umrissenes Lernziel sein, allenfalls eine Dialogpraxis mit den Schülern, wobei der Lehrer sein Menschenbild selbst infrage stellen lässt. Allerdings ist hier Vorsicht angebracht. So verlockend das Versprechen des Anderswerdens und des Sich-selbst-Findens für die Dialogpartner auch sein mag, Sokrates lehrt etwas anderes. Denn seine Dialektik setzt voraus, dass der Gesprächsführer schon weiß, worauf das Gespräch hinausläuft. Lebenskunst ist also doch nicht so regellos, wie es dem auf Wahlfreiheit bedachten Individuum der Postmoderne scheinen mag. Auch wo kein Lehrer zur Verfügung steht, kann Lebenskunst auf Selbstkonditionierung durch allgemeine Lebensregeln nicht verzichten, auf Selbstdisziplin also, die nachhaltig wirkt, sobald man positive Resultate der Verhaltensänderung spürt.

Aus heutiger Sicht könnte man die sokratischen Dialoge als Beispiele philosophischer Beratergespräche auffassen. Freilich mit dem Unterschied, dass die Professionalität philosophischer Praxis nicht vergleichbar ist mit dem verführerischen Ambiente antiker Trinkgelage und der Ergriffenheit ihrer Teilnehmer. Hier liegt eine kulturelle Differenz vor, die eine Wiederbelebung der Konzeption einer Lebenskunst vom »Typ Sokrates« (Gernot Böhme) illusorisch macht. Die Freundschaft mit sich selbst, um die es Sokrates geht, bezeichnet eine Haltung, die noch an das Ideal des vorgeschichtlichen Weisen anknüpft. So sehen manche Interpreten in Platons Philosophie denn auch keine Wissensform, sondern eine Art Religion. Hier gehe es um Wiederherstellung der verloren gegangenen Gemeinschaft zwischen Menschen und Göttern, wie sie in der religiös-mythischen Weisheitslehre in kultischer Form noch lebendig ist. Diese Auffassung findet ihre Bestätigung in der Entwicklung des späteren Neuplatonismus. In diesem geistigen Spannungsfeld entfaltet sich die Idee der philosophischen Lebenskunst in einer Fülle von Gestalten, die weit über die instrumentelle Rationalität der Sophisten hinausgehen.

Aristoteles als Systematiker der Phronesis

Die Einmaligkeit der sokratischen Situation innerhalb der gelebten Moralität der Antike macht ein Vergleich von Platons Dialogen mit den Schriften zur Ethik des Aristoteles (384–322 v. Chr.), insbesondere mit seiner *Nikomachischen Ethik* deutlich.

Anders als Platon unterscheidet Aristoteles die Klugheit von der Weisheit, von der Sophia die Phronesis, die als intellektuelle Tugend den richtigen Handlungsvollzug repräsentiert. Während man die platonische Darstellung des Sokrates als »Erotik« im Sinne einer Disziplinbezeichnung auffassen könnte, erreicht die aristotelische Praxis diese Dimension allenfalls in der Freundschaftslehre. Aber auch hier ist die Differenz zu Platon nicht zu übersehen. Denn so hoch Aristoteles Freundschaft als persönlichkeitsbildende Lebensform auch schätzt, sie bleibt selbst in ihrer uneigennützigen Form als sogenannte »Tugendfreundschaft« eigentümlich sachlich. Was Freunde verbindet und bildet, ist die »*hexis*« als formales Element der Tugend, eine dauerhafte Geneigtheit oder Mächtigkeit im Umgang. Sie richtet sich auf ein gemeinsames Interesse an der Polis, so dass Freundschaft und Gerechtigkeit als Formen der Vergesellschaftung zusammengehören. Ungleich existenzieller hat dagegen Platon die erotische Liebe gestaltet, deren Stufenweg Sokrates von der geheimnisvollen Seherin Diotima gewiesen wird.

Obwohl Aristoteles die platonische Ideenlehre ablehnt und damit moralische Werte vom Himmel auf die Erde zurückholt, obwohl er ferner klar zwischen Theorie und Praxis unterscheidet und seine Darstellung der Tugend mit der Absicht verbindet, die Menschen zu verbessern, und obwohl er schließlich eine psychologisch ausgefeilte Typologie von Einzeltugenden entwickelt: All diesen empirischen Tendenzen seiner Ethik zum Trotz erreicht Aristoteles nicht den Menschen in seiner psycho-physischen Totalität als Gegenstand der Lebenskunst. Damit dürfte klar sein, dass die Interpretation der aristotelischen Ethik als Prototyp philosophischer Lebenskunst nicht ganz zu Recht besteht. Die Lehre von der rechten Mitte zwischen extremen Verhaltensweisen (griech.: *mesotes*) will Aristoteles zwar als Mitte in Bezug auf den Menschen verstanden wissen, aber in der Anwendung entsteht doch der Eindruck einer eher mechanistischen Kombinatorik und Abwägung von Einzelregungen, die nichts von einer existenziellen Beunruhigung des Menschen erkennen lassen. Daraus ist später das Konzept der »Psychomachia« entstanden, des Kampfes zwischen Tugenden und Lastern, für den die Seele lediglich den Schauplatz bietet, ohne selbst eine subjektive Einheit zu bilden. Ähnlich verhält es sich mit der heute viel gepriesenen »Freundschaft zu sich selbst«, bei der das Selbst zwar nicht das egoistische Ich ist, aber auch nicht der ganze Mensch, sondern der vernünftige Seelenteil, dem ein selbständiges Leben zuerkannt wird.

Der anthropologische Dualismus macht sich auch in der aristotelischen Auffassung der Eudämonie als Endzweck menschlicher Sittlichkeit bemerkbar. Aristoteles ist sich im Klaren darüber, dass Glück nicht von der Lust abtrennbar ist, aber die beiden nicht kongruenten Erörterungen des Lustproblems in der *Nikomachischen Ethik* sind darauf zurückzuführen, dass der aristotelischen Ethik das Prinzip der organischen Einheit des Subjekts fehlt, welches für einen emphatischen Begriff von Lebenskunst erforderlich ist. Unter Glück versteht Aristoteles die Verwirklichung der Rolle, die dem Menschen in einer teleologisch geordneten Welt aufgrund seiner Natur zukommt. Daher führt auch der aristotelische Begriff der Gerechtigkeit nicht dazu, die ständische Gesellschaftsordnung und die damit verbundene Sklaverei infrage zu stellen. Dieser Rahmen verleiht der aristotelischen Ethik eine eigentümliche Statik, die auch durch die Betonung der Tätigkeit gegenüber dem Werk sowie die funktionale Interpretation der Lust nicht aufgehoben wird. Formal äußert sich die durchgehende Statik der Tugendlehre darin, dass Aristoteles sich nicht der aphoristischen Form der Weisheitslehrer bedient, sondern eine durchkomponierte Abhandlung gibt. Nicht zufällig galt die aristotelische Philosophie daher formal als Vorbild der mittelalterlichen Scholastik. Bei aller Empirie bewegt sich die aristotelische Ethik im Rahmen der wissenschaftlichen Beschreibung, weshalb sie auch zum Lieblingskind der analytischen Ethik der Gegenwart geworden ist. Was dem aristotelischen Lebenskunstmodell fehlt, ist die existenzielle Dimension, der die Individualethik des Hellenismus einen Schritt näher kommt.

Epikur: Freiheit als Selbstgenügsamkeit

Stärker als Aristoteles, der der Theorie einen höheren Rang einräumt als dem praktischen Leben, entspricht der Hellenismus mit seiner Suche nach Lebensformen, die sich der Situation anpassen, dem Modell der Lebenskunst, die wesentlich technisch, d.h. mit allgemeinen Regeln operiert. Andreas Luckner interpretiert die hellenistische Lebenskunst als Technisierung der Klugheit, so dass es richtig ist, *techne peri bion* mit »Lebenstechnik« (so Malte Hossenfelder) statt mit »Lebenskunst« zu übersetzen. Insbesondere bei den Stoikern ist das Interesse an konkreten Lebensregeln so groß, dass alle anderen Bereiche der Philosophie, also Metaphysik und Logik, auf die Bedürfnisse der Lebensgestaltung zugeschnitten sind. Nach einer allgemein akzeptierten These ist der Individualismus dafür verantwortlich, der nach Auflösung verlässlicher politischer Strukturen die Menschen auf sich selbst zurückwirft. Während für Aristoteles Tugend und Gerechtigkeit zusammengehören, die Ethik also in Staatslehre übergeht, entkoppelt der Hellenismus die philosophische Lebenskunst von der Politik. Auf den Niedergang der Polis mit ihren gemeinschaftlichen Werten reagieren die Stoiker kosmopolitisch, die Epikureer privatistisch. Epikur (341–271 v. Chr.) zieht sich in den »Garten« zurück und empfiehlt ein Leben im Verborgenen, die Stoiker erweitern die sozialen Bindungen auf alle Menschen, weil sie jeden Einzelnen aufgrund seiner natürlichen Vernunft als Teil der einen Welt betrachten.

Die verschiedenen Ausprägungen des hellenistischen Individualismus machen sich auch in der inhaltlichen Ausgestaltung der Ethik bemerkbar. Epikurs Lebenskunst beruht auf einer materialistischen Naturphilosophie, dem Atomismus Demokrits. Nach dieser Lehre ist der Kosmos ein Produkt zufälliger Abweichung der Atome von ihrer geraden Bahn, aus Atomwirbeln entstehen Welten und vergehen wieder. Der Grundlosigkeit der Welt entspricht moralisch die Sorglosigkeit der Menschen gegenüber den Bedrohungen der Natur. Vorbild für ein der Verfassung der Welt angemessenes Verhalten sind die Götter, die Epikur als heitere Lebemänner in den sogenannten »Zwischenwelten« ansiedelt. Die Glückseligkeit der Götter ist nicht die eines Demiurgen, der sich um seine Schöpfung sorgt, sondern die unbeteiligter Zuschauer, die sich am tragikomischen Schauspiel der Welt ergötzen. Damit ist die Grundfigur epikureischer Lebenskunst gegeben: Distanz zur Welt als Vorbild für eine Distanz zu sich selbst.

Epikur identifiziert die Eudämonie mit der Lust, reduziert diese aber, um sie von äußeren Gütern unabhängig zu machen, auf Freiheit von Schmerz, Furcht und Unruhe. Ziel der Lebenskunst ist demnach die Herstellung eines Zustands vollkommener Gemütsruhe, für die er die Metapher der Meeresstille verwendet. Um diesen Zustand zu erreichen, empfiehlt Epikur die Abwägung der Folgen gesteigerter Lustempfindungen. Für ihn kommt es also nicht auf die Intensität punktueller Lust an, sondern auf ihre Dauer, die freilich nur erreicht wird, wenn man sich Mäßigung auferlegt. Insofern ist der epikureische Hedonismus keineswegs eine Aufforderung zu hemmungslosem Genuss, sondern eher eine fast kleinbürgerliche Lebensform bescheidener Genüsse nach dem Motto: mäßig, aber regelmäßig.

Die hedonistische Orientierung rechtfertigt Epikur damit, dass das Verlangen nach Lust der menschlichen Natur entspreche. Das System der Bedürfnisse ist so angelegt, dass das Luststreben, richtig gehandhabt, stets Erfüllung findet. Ob diese optimistische Voraussetzung haltbar ist, sei dahingestellt. Einen psychologischen und anthropologischen Fortschritt stellt Epikurs These aber zweifellos dar, indem sie betont, dass es nur eine Grundform der Lustempfindung gebe, nämlich die »Lust des Fleisches«. Darin unterscheidet sich Epikur von der aristotelischen Abstufung der Lust, die je nach den Funktionen und Gegenständen, an denen sie auftritt, geordnet ist. Zwar schließt auch Epikur geistige Formen der Lust nicht aus, aber diese sind immer nur Transformationen der Grundform, die in der Erfüllung von Bedürfnissen besteht. Das entspricht der freudschen Konzeption der Sublimierung, die aus der Einschränkung des Lustprinzips durch das Realitätsprinzip entsteht.

Anders als Sigmund Freud orientiert sich Epikurs »Lust des Fleisches« aber nicht an der Sexualität, sondern an dem natürlichen und notwendigen Bedürfnis der Nahrungsaufnahme. Die »Lust des Bauches« ist für Epikur immer die des Essens und Trinkens, und entsprechend undynamisch und undialektisch bleibt sein Lustbegriff. Folgerichtig enthält Epikurs Lustlehre keine Anweisungen, wie man seine Lüste steigern könnte. Epikurs Hedonismus hat nichts vom tantristischen Erotismus; seine Lebensregeln haben rein diätetischen Charakter. Nicht der Steigerung der Lust und dem erotischen Raffinement, sondern der Sicherung der Freiheit von Unlust dienen die Regeln. Diese sind technisch und zielen darauf ab, alles Exzentrische in der Lebensführung zu vermeiden und sich an das gesellschaftlich Übliche zu halten.

Dieser eher quietistischen Einstellung entsprechen die Lehrformen der epikureischen Lebenskunst. Die Schriften Epikurs enthalten Lehrsätze und Ermahnungen, die schulmäßig auswendig gelernt wurden. Ganz anders als die sokratische Dialektik verfährt die epikureische Lebenskunst dogmatisch, ganz wie die Katechese. So verwundert es nicht, dass Epikur von seinen Schülern als eine Art Heiliger verehrt wurde. Wir erkennen heute an ihm auch die Züge eines Seelenführers, dem es weniger um Wahrheit als vielmehr um Weltanschauung geht. Das ist aus der politischen Situation dieser Zeit verständlich, in der die Menschen nicht mehr an der Gestaltung der Polis teilnehmen konnten, sondern sich wechselnden Willkürherrschern anpassen mussten. Der unpolitische Privatismus der epikureischen Lebenskunst hat freilich ihre Wirkung begrenzt. Hinzu kam ihre Denunziation seitens asketischer Strömungen. Der Name Epikurs stand in christlichen Jahrhunderten für ein unkontrolliertes Lustleben, zu dem sich niemand offiziell bekennen mochte. Dagegen verbindet sich die stoische Ethik mit christlichen Vorstellungen und wirkt als Neustoizismus bis in die Lebenskunstphilosophie unserer Tage hinein.

Stoa: Gemäß der Natur leben

Die Stoa vertritt die These von der Einheit der Tugenden. Ihr Gründer, Zenon von Kition (ca. 333–262 v. Chr.), versammelte seine Schüler in der *Stoa poikile*, einer Säulenhalle in Athen, die der Schule den Namen gab. Die Stoiker verstanden sich als Konkurrenten der Epikureer, von deren Ethik sie sich in wesentlichen Punkten unterscheiden. Auch für sie ist die Eudämonie das höchste Gut. Aber der Weg dahin führt für die Stoiker nicht über die Lust, sondern über die Vernunft. Im Mittelpunkt ihrer Tugendlehre steht der Begriff der Oikeiosis, der »Zueignung« oder »Selbstaffirmation« bedeutet. Die Selbstbejahung als Voraussetzung für ein positives Verhältnis zu anderen Menschen gehört zu den natürlichen Dispositionen des Menschen, wird zugleich aber als Akt der Vernunft begriffen. Der Grundsatz, man solle gemäß der Natur leben, steht daher nicht für eine rein naturalistische Auffassung der Moral. Für die Stoiker ist naturgemäßes Leben immer zugleich vernunftgemäß, eine Überzeugung, die von einer umfassenden Naturteleologie getragen wird. Aber auch unabhängig von diesem metaphysischen Hintergrund lässt sich die Koinzidenz von Naturgemäßheit und Vernunftbestimmung so interpretieren, dass der Mensch seine natürlichen Regungen auf die Folgen hin prüfen und ihnen bei einem positiven Resultat der Prüfung die Zustimmung erteilen solle. Moralisches Handeln wird demnach primär als Urteilsakt aufgefasst, wobei der Vernunft die Kraft zugeschrieben wird, die Affekte zu besiegen und den Menschen gegenüber Empfindungen der Lust oder des Schmerzes zu immunisieren. Das Resultat ist die Apathie, also die Ruhe und Gelassenheit, die den stoischen Weisen auszeichnet. Die Realisierbarkeit der Schmerzunempfindlichkeit ist immer schon bezweifelt worden, aber das Ideal der Unberührbarkeit durch Affekte hat dadurch nichts an Attraktivität eingebüßt. Dahinter steht der feste Glaube an den Logos, der dem Menschen einen festen Platz in der kosmischen Ordnung sichert.

Ähnlich wird in der Stoa das Verhältnis von Notwendigkeit und Freiheit verstanden. Sie betrachtet den Gang der Welt und damit das Schicksal des Einzelnen als vorherbestimmt, zugleich aber legt sie Wert auf die Freiheit der Urteilskraft. Die Vereinigung von Notwendigkeit und Freiheit läuft darauf hinaus, dass der Stoiker den Dingen, die er nicht ändern kann, bereitwillig folgt, weshalb er sich auch in Zwangssituationen innerlich frei fühlt. Die Zustimmung zu widrigen äußeren Umständen kann freilich nur der geben, der daran glaubt, dass in der Welt alles durch den Logos zum Besten geordnet ist. Das Geheimnis der stoischen Ethik liegt also darin, Kompromisse zwischen den widerstreitenden Erfahrungen zu finden, mit denen der Mensch auch ohne Verzicht auf vernünftige Selbstbestimmung leben kann. Der kompromisshafte Charakter im Hinblick auf die Folgen einer Handlung für die Glückseligkeit unterscheidet die stoische Ethik bei allem Logozentrismus vom Pflichtbegriff Kants und disponiert sie noch stärker als den Epikureismus zur philosophischen Lebenskunst.

Klassiker stoischer Lebenskunst sind die Philosophen der römischen Kaiserzeit: Epiktet, Seneca und Marc Aurel. Besonderer Beliebtheit erfreut sich bis heute der Grieche Epiktet (50-135), der als Sklave nach Rom kam und nach seiner Freilassung zu einem der angesehensten Philosophielehrer in Rom wurde. Wie überzeugend er die stoische Lehre gelebt hat, illustriert eine Anekdote, die berichtet, dass sein Herr ihn gefoltert habe, indem er sein Bein in einen Schraubstock spannte. Epiktets Ausruf »Du wirst mir das Bein brechen« hat den Herrn nicht davon abgehalten, die Folter so lange fortzusetzen, bis das Bein tatsächlich brach. Statt eine Miene zu verziehen, soll Epiktet einzig mit dem Satz reagiert haben: »Habe ich es dir nicht gesagt?« In seinem populären *Handbüchlein der Ethik* erläutert Epiktet, dass es weniger die Tatsachen als vielmehr die Vorstellungen und Befürchtungen sind, die den Menschen beunruhigen. Er gibt Anleitungen, wie man sich durch Beherrschung seiner Vorstellungen von äußeren Zwängen freimachen kann. Denn die Vorstellungen, so Epiktets Überzeugung, sind das Einzige, worüber die Menschen frei verfügen können.

Die Stoa macht Ethik zur Moralpsychologie, die davon ausgeht, dass die Willensschwäche (griech.: *akrasia*) durch Einsicht überwunden werden kann. Auch die innere Stimme bzw. die Stimme Gottes, die christlich mit »Gewissen« (lat.: *conscientia*) übersetzt wird, irrt nicht, solange sie an der den Kosmos durchwaltenden Vernunft teilhat. Damit sind die Stoiker freilich noch weit von der psychoanalytischen Entdeckung entfernt, dass es im Unbewussten verborgene innere Zwänge gibt, die stärker als die Vernunft sein können. Insofern sind der Entwertung des Unverfügbaren durch die Vernunft Grenzen gesetzt. Die psychologischen Defizite sind aus heutiger Sicht gravierend, sie tun aber der Attraktivität dieser Lebenskunstliteratur keinen Abbruch. Denn es handelt sich um eine Gattung, zu der Menschen in Krisensituationen greifen. Wenn man mit dem Rücken zur Wand steht und nachträgliche Schadensbegrenzung angesagt ist, mögen Epiktet und Marc Aurel Trost bieten. Auch der erschöpfte Manager, der sich zu Meditationsübungen in ein Kloster zurückzieht, findet in Senecas (4 v. Chr. – 65 n. Chr.) *Von der Kürze des Lebens* einen Spiegel seiner Lebensform, der ihn vor weiteren Übertreibungen bewahrt und eine gewisse therapeutische Wirkung ausübt. Seneca weist die Klagen über die Kürze des Lebens mit dem Argument zurück, dass Menschen ihre Lebenszeit mit Dingen zubringen, die nicht der Mühe wert sind. Er empfiehlt, sich nicht von äußeren Verpflichtungen ausbrennen zu lassen und der kurz oder lang bemessenen, aber immer endlichen Lebenszeit eine Lebensqualität abzugewinnen, die das Leben als Geschenk erfahrbar macht. Senecas Lebenskunst liefert damit mehr als bloße Hilfskonstruktionen, ohne die man im Leben nicht auskommt. Mit der Berufung auf die innere Stimme stößt sie in existenzielle Tiefen vor, die den irdischen Standpunkt hinter sich lassen. Es ist deshalb kein Zufall, dass israelitische Weisheitslehrer an die stoische Philosophie der Lebenskunst anschließen.

Kohelet: »Alles ist Windhauch«

Unter den Lehrbüchern des Alten Testaments nimmt das Buch *Kohelet*, auch *Prediger Salomo* oder *Ecclesiastes* genannt, eine exemplarische Stellung für die Philosophie der Lebenskunst ein. In einer Mischform aus Bericht, Traktat und Sentenzen zeichnet es ein ambivalentes Bild von den menschlichen Glücksmöglichkeiten. Im Rückblick auf eine reiche Lebenserfahrung kommt der Prediger zu dem ernüchternden Schluss: Alle Taten und Besitztümer des Menschen sind dem unberechenbaren Zufall und der Vergänglichkeit unterworfen. Es gibt nichts Neues unter der Sonne, und alles ist Windhauch. Nur der Tod ist gewiss, aber der Tod spendet keine Hoffnung, denn er kommt dem Nichts gleich. Auch alle Gelehrsamkeit sowie die traditionellen Spruchweisheiten, die Wissen als Weg zum Nachruhm preisen, können die Nichtigkeit des Lebens nicht aufheben.

Die Unverfügbarkeit aller irdischen Güter ist allerdings kein Grund, sich der Sorge oder Verzweiflung hinzugeben. Der Mensch darf nur nicht glauben, er könne aus eigener Kraft sein Glück auf Dauer stellen. Auch die innere Einstellung, die für die hellenistischen Philosophen unberührbar und damit das sichere Unterpfand des Glücks ist, nimmt der Prediger nicht von der Nichtigkeit aller Dinge aus. Es gibt für ihn keinen Bereich, welcher der Unberechenbarkeit des verborgenen Gottes entzogen ist. Trotz dieser unaufhebbaren Unsicherheit auch der inneren Zustände gehen die Ratschläge des Predigers dahin, tätig zu sein und die Freuden des Lebens zu genießen. Das sieht zunächst aus wie das hedonistische *carpe diem*, ist aber mehr als eine besinnungslose Flucht in die Lust des Augenblicks. Denn wenn auch alles vergänglich ist, die Zeit enthält doch eine positive Perspektive, die in dem bekannten Vers »Jegliches hat seine Zeit« zum Ausdruck kommt.

Die Zeitbestimmung des Geschehens besagt mehr als die Trivialität, dass jede Verrichtung Zeit braucht. Gemeint ist vielmehr, dass jedes Ereignis und der Umgang damit im Lebenslauf eines Menschen ihren ihm von der Ganzheit zugewiesenen Platz haben. Nur wenn dies beachtet wird, bringen Entscheidungen und Tätigkeiten das Glück, das sich die Menschen davon versprechen. Es geht also um eine Wachstumszeit, um die Bedeutung der Lebensphasen für das Tun und Lassen. Hier tritt der unbekannte Gott aus seiner Unberechenbarkeit heraus und zeigt sich als Freund der Menschen. Der Kairos hat auch eine lebensphilosophische Bedeutung, er beruht auf der philosophischen Voraussetzung, dass alle Mächte des Lebens der Zeitlichkeit unterworfen sind. Im Werden begegnen sich Gott und Menschen, und daher sind die Menschen gut beraten, auf die Gebote der Zeit zu achten.

Wenn das Buch *Kohelet* von manchen Theologen als häretisch eingestuft wird, so hat das eine gewisse Berechtigung. Denn es ist mehr der Gott der inneren Erfahrung als der Gott der Gesetze, auf den der Prediger vertraut. Es dürfte auch kein Zufall sein, dass die Verse über die allen menschlichen Dingen zukommende Zeit, über die rechte Zeit zum Gebären und zum Sterben, zum Lieben und zum Hassen usw. auch und gerade in der säkularisierten Gesellschaft Nordamerikas die Menschen so beeindruckt haben wie kein anderer biblischer Text. In den 1960er Jahren hat die Popgruppe *The Byrds* die Vertonung der Verse zu einem Hit gemacht, und Präsident John F. Kennedy hat seine Bewunderung für den Song öffentlich bekannt. Das kann als Beispiel dafür gelten, wie eine Philosophie der Lebenskunst ihre historische Bedingtheit überwindet und überzeitliche Geltung erreicht.

Leitideen der hellenistischen Lebenskunst

Die Entwicklung der antiken Ethik zur hellenistischen Lebenskunst ist sowohl inhaltlich als auch formal für die Philosophie der Lebenskunst wegbereitend. Inhaltlich zeigt die hellenistische Wende vom Gesellschaftlichen der Polis zum Individualismus, wie sehr das Menschenbild von sozialen und politischen Rahmenbedingungen abhängt. Allerdings ist dieser Individualismus noch weit von der modernen Individualpsychologie entfernt. Für Epikur ist der Mensch ein System von klar definierten Bedürfnissen, deren Erfüllung die Seelenruhe bringt. Auch für die Stoiker steht die vernünftige Natur des Menschen fest, der zu folgen keine unüberwindlichen Schwierigkeiten bietet. Unter dieser Voraussetzung erscheint das Programm, alles Unverfügbare zu entwerten, leicht zu erfüllen, so dass Lebenskunst auf eine erlernbare Sozialtechnologie hinausläuft.

Damit erschöpft sich aber die inhaltliche Bedeutung der hellenistischen Lebenskunst nicht. In der römischen Zeit werden Stimmen laut, die auf eine Problematisierung des Menschenbildes hindeuten. Zwar wird auch von Epiktet oder Marc Aurel die Vernunft als Herrscherin über die Leidenschaften angesehen, aber es kommen doch Zweifel auf, ob der Mensch wirklich Herr im eigenen Hause ist. Da die Menschen dazu neigen, ihr Verhalten stärker an Meinungen als an Erkenntnissen zu orientieren, empfiehlt Epiktet, sich selbst wie einen feindlichen und hinterlistigen Menschen im Auge zu behalten. Auch Marc Aurel (121–180) lässt es dahingestellt sein, was er sein mag, und fordert in seinen *Selbstbetrachtungen* zu rückhaltloser Selbsterfahrung auf. Von hier aus ist es bis zu der vom Kirchenvater Augustinus (354–430) in seinen *Bekenntnissen* aufgeworfenen anthropologischen Frage »Was bin ich?« nur ein kleiner Schritt – und Lebenskunst erhält damit ihre eigentlich philosophische Dimension.

Die existenzielle Erfahrung der Einmaligkeit menschlicher Existenz lässt eine Anwendung allgemeiner Regeln der Lebensführung als nicht mehr ausreichend erscheinen. Damit kommt die formale Bedeutung der hellenistischen Lebenskunst ins Spiel. Es geht ihr nicht wie in der klassischen Ethik um die Klärung allgemeingültiger moralischer Begriffe wie *die* Tapferkeit oder *die* Gerechtigkeit, die dem Wandel der Meinungen entzogen sind. Es geht auch nicht mehr um Grundsätze für die Erziehung junger Menschen, sondern um Selbsttechniken für ein lebenslanges Lernen. Damit bildet sich eine neue Form von Theorie heraus, eine Lehre der Lebenspraxis, der Selbstsorge, die im Individuellen ein Allgemeines entdeckt. Dem entsprechen die Formen der Darstellung: Meditation, Lehrgespräche, Briefe und Sentenzen. Der Begriff der Kunst bekommt auf diese Weise eine mehr technische Bedeutung. Sie liegt darin, dass die Lebenspraxis selbst die Regeln vorschreibt, nach denen sich das Subjekt als moralische Person konstituiert.

Beide Momente, also Individualismus als existenzielle Selbsterkenntnis und Theorie als Kunstform, sind für die weitere Entwicklung der philosophischen Lebenskunst prägend geworden. Historisch konnte sich der stoische Naturbegriff mit dem christlichen Schöpfungsglauben verbinden und Epikurs Lusttheorie in die Überzeugung von der sündhaften Natur des Menschen eingebaut werden. Damit entsteht in den ersten Jahrhunderten nach Christus ein ethischer Synkretismus, bei dessen Entfaltung der Neuplatonismus eine nicht zu unterschätzende Rolle spielt. Die aus den Werken Plotins (ca. 205–270) gespeisten Visionen vom Überstieg der Seele werden zur treibenden Kraft einer negativen Philosophie oder Theologie der Lebenskunst, die das Glück des Menschen nicht mehr in dieser Welt sucht. So wie die Philosophie im Ganzen zur Magd der Theologie wird, gehen die Regeln der Lebenskunst in die Katechismen ein, die wenig Raum für individuelle Entscheidungen lassen.

3. Die Wiederentdeckung der Lebenskunst im Humanismus der Renaissance

In der christlichen Ära bis zum Ausgang des Mittelalters gibt es keinen systematischen Ort für eine eigenständige Philosophie der Lebenskunst. Der Mensch als mit der Erbsünde beladene Kreatur kann aus sich heraus kein Heil erlangen. Die diesseitige Welt als Jammertal gibt dem Menschen keinen dauerhaften Halt, und die Lebensführung wird bestimmt durch die Angst vor dem unvorbereiteten Sterben, so dass im Spätmittelalter eine eigene Gattung, die *ars moriendi*, als Vorbereitung auf das ewige Leben entstanden ist. Die Leben und Tod dominierende religiöse Glaubenslehre schließt allerdings nicht aus, dass die Scholastik die Entwicklung der philosophischen Lebenskunst nachhaltig beeinflusst hat. Der christliche Begriff des Lebens als Gabe Gottes und vor allem das Personsein in Abhängigkeit von der personalen Beziehung zu Gott haben einen neuen metaphysischen Rahmen geschaffen, der die Parameter der antiken Tugendethik sprengt. Die Ablösung der antiken Teleologie durch die christliche Theologie sowie die Auflösung der kosmischen Ordnung durch den unergründlichen Willen des Schöpfergottes haben die Lebenskunst schließlich vor neue Fragen gestellt, die mit den hellenistischen Denkformen der Ataraxie und der Apathie nicht mehr zu bewältigen waren.

Christenleben

Thomas von Aquin (ca. 1224–1274) hat den umfangreichen zweiten Teil seiner *Summa theologica* der Ethik gewidmet. Er übernimmt alle wesentlichen Elemente der aristotelischen Tugendlehre, wobei er die Tugenden nach den Formen des praktischen Lebens differenziert. Allerdings erfährt die antike Tugendlehre eine Erweiterung durch die alle Menschen umfassende Nächstenliebe, was einen gewissen Universalismus der moralischen Gebote zur Folge hat. Über den christlichen Kardinaltugenden Klugheit, Gerechtigkeit, Mäßigkeit und Tapferkeit steht die Gottesliebe, die Caritas, die als *forma virtutum* allen sittlichen Tugenden vorgeordnet ist. Der Liebe sind Glaube und Hoffnung zugeordnet, die sich auf den Willen Gottes als das höchste Gut richten. Da dem Menschen die Fähigkeit abgesprochen wird, die Eudämonie aus sich selbst heraus zu entwickeln, ist er auf die Gnadenwirkung Gottes angewiesen. Alle Ratschläge und Gebote zielen darauf ab, den Menschen in der Hingabe an Gott zu bestärken.

Neben der Integration der aristotelischen Tugendlehre in die christliche Glaubenslehre ist eine vom Neuplatonismus ausgehende mystische Strömung zu verzeichnen, in der sich die hellenistische Verinnerlichung der Eudämonie fortsetzt – freilich mit einer signifikanten Verschiebung durch die Abwertung des Fleisches im Zeichen der Vereinigung der Seele mit Gott. Diese Form der Verinnerlichung lässt dem individuellen Bewusstsein mehr Raum als die christliche Sozialethik; sie geht auch über die aristotelische Psychologie hinaus. Deshalb würde man die Bedeutung der christlichen Ära für die philosophische Lebenskunst unterschätzen, wenn man ihr für die Entwicklung der Individualität keinerlei Bedeutung zuspräche. Die mystische Innerlichkeit mit ihren stark asketischen Zügen ist in Tiefenschichten des Bewusstseins vorgedrungen, die der Antike verschlossen geblieben sind. Dazu gehört die Erfahrung der Versuchung, die als innerer Kampf der Tugenden und Laster dargestellt wird. Die berühmte *Psychomachia* des frühchristlichen Dichters Prudentius (um 400) war ein Jahrtausend lang das Vorbild für die allegorische Darstellung des Seelenlebens.

Für die Entwicklung einer neuen Auffassung vom Menschen kann der christliche Platonismus im Italien des 15. Jahrhunderts nicht hoch genug veranschlagt werden. Neben Marsilio Ficinos (1433–1499) *Theologia Platonica* ist Pico della Mirandolas (1463–1494) Rede *Über die Würde des Menschen* zu nennen. Dem Menschen, so Picos anthropologische Grundidee, ist von Gott die Freiheit geschenkt worden, das Leben nach eigenen Gesetzen selbst zu gestalten. Das erhebt den Menschen in den quasi göttlichen Rang eines Schöpfers seiner selbst. Pico löst die Anthropologie aus der Verbindung mit der Kosmologie, in der sie noch bei Thomas von Aquin gestanden hatte. Aber der Begriff der Würde wird nicht als Auflehnung gegen den Willen Gottes aufgefasst, sondern bezeichnet den Spielraum der menschlichen Kreativität im Rahmen der dem Menschen von Gottes Schöpfung gegebenen Freiheit.

Lebenskunst im Sinne einer Selbsterkenntnis jenseits von Glaube und Heilserwartung hat in der christlichen Ära keine selbständige literarische Gattung hervorgebracht. Die von der Antike überlieferten Topoi der Lebensweisheit finden sich verstreut in der Masse theologischer Traktate, die den christlichen Elementarunterricht, die Beichtpraxis mit ihrer Kasuistik sowie die Kritik am weltlichen Leben (*Contemptus-mundi*-Traktate) widerspiegeln. Aus diesen Texten hebt sich als prominentes Werk der Lebenskunst der *Trost der Philosophie* von Boethius (480–524) aus der Zeit des Übergangs von der Spätantike zum Mittelalter heraus. Hier lässt der Autor die Philosophie allegorisch als Frau auftreten, die den auf seine Hinrichtung wartenden Autor besucht, um ihn mit Erörterungen über das Glück als höchstes Gut auf den Tod vorzubereiten. Die Philosophie tritt hier zwar noch nicht explizit als Magd der Theologie auf, aber die neuplatonisch gefärbte Lehre vom Aufstieg der Seele fügt sich nahtlos in die christliche Weltauffassung ein: Der Mensch erreicht wahre Glückseligkeit auf Erden nur in der Schau Gottes.

Der Humanismus der italienischen Renaissance

Mit dem Zusammenbruch des christlich-mittelalterlichen Weltbilds bricht für die Philosophie der Lebenskunst eine neue Zeit an. Die Humanisten der italienischen Renaissance haben sich in Abwendung vom scholastischen Unterrichtsmodell der antiken Literatur zugewandt und ein säkularisiertes Bildungsideal geschaffen, das sich vor allem in der Ethik niederschlägt. Eine Schlüsselstellung in diesem Prozess fällt Francesco Petrarca (1304–1374) zu, der neben seinen Gedichten eine Reihe moralphilosophischer Traktate in lateinischer Sprache verfasst hat. Im Zeichen des stoischen Naturbegriffs sieht er die Quelle für die ethische Normierung im Subjekt selbst. Auch unabhängig von der Offenbarung wird dem Menschen die Fähigkeit einer natürlichen Erkenntnis des Sittlichen zugesprochen. Nach Jacob Burckhardt, dem »Erfinder« der italienischen Renaissance als eigenständige Kulturepoche, ist der neue Geist von zwei Momenten geprägt: der Entdeckung der Welt und der Entdeckung des Menschen. Beide zusammen haben zur »Entwicklung des Individuums« geführt, die mit dem hellenistischen Individualismus vergleichbar ist. Man kann geradezu von einer zweiten Entdeckung des Individuums sprechen, die der Philosophie der Lebenskunst zu neuer Blüte verholfen hat. Die Renaissance hat eine Fülle moralphilosophischer Traktate hervorgebracht, in denen das Ich des Autors im Mittelpunkt steht und das Vorbild für die Zeitgenossen abgibt.

Allerdings ist nicht zu übersehen, dass zwischen dem Individualismus der Antike und dem der Renaissance ein Unterschied in der Grundstimmung besteht. Im Hellenismus dominiert das Gefühl einer untergehenden Epoche, das die Lebenskunst auf Strategien des Rückzugs verpflichtet, in der Renaissance dagegen eine Aufbruchstimmung, die in der Lebenskunst ein Mittel sieht, dem gesellschaftlichen Leben eine neue Form zu geben. »Die Menschen können von sich aus alles, was sie wollen«, beschreibt im 15. Jahrhundert der italienische Baumeister Leon Battista Alberti (1404 – 1472) den »Universalmenschen« (*uomo universale*) als Persönlichkeitsideal seiner Zeit. Bedeutsam für das neue Selbstverständnis des Menschen als autonome Persönlichkeit ist die Einbeziehung der ästhetischen Dimension in die Lebensführung. So hat Alberti bedeutende kunsttheoretische Schriften verfasst, deren Geist für die Lebensführung leitend wurde. In seinem Buch *Vom Hauswesen* (1437 – 1441) gelingt es ihm, das Familienleben als eine Art Kunstwerk darzustellen. Damit knüpft er an die Tradition des antiken Rom an, in dem das individuelle Leben immer in Familie und Staat eingebunden war. Es wäre daher unzutreffend, der Renaissance zu unterstellen, sie habe einem ungezügelten Ausleben der Individualität das Wort geredet.

Der Renaissancemensch

Es dürfte keine Übertreibung sein, wenn man die Renaissance nicht nur als Wiederentdeckung der antiken *techne peri bion* bezeichnet, sondern als Ursprung einer neuen Stufe der Lebenskunst. Es geht ihr nicht mehr um Techniken der Beherrschung der Affekte, sondern geradezu um die Erschaffung eines neuen

Menschentypus, nämlich des allseitig befähigten und öffentlich engagierten Menschen, der sein Glück selbst in die Hand nimmt. Tugend wird damit sozial definiert als Lebensform, deren Wert in der Darstellung der Individualität liegt. Dazu gehört Kunst im Sinne von *poiesis* sowie im Unterschied zur bloßen Technik. Die Erfindung des *uomo universale* wird so zum Vorbild der »Selbsterfindung«, die sich bis zur Selbstherrlichkeit des viel beschworenen »Renaissancemenschen« steigern kann.

Vor diesem Hintergrund sind zwei Leitfiguren der neuen Lebenskunst zu betrachten, Baldassarre Castigliones (1478–1529) *Der Hofmann* und Niccolò Machiavellis (1469–1527) *Der Fürst* (1513). Beide setzen für ihre Regeln der Lebensgestaltung den festen gesellschaftlichen Rahmen der italienischen Höfe voraus. *Das Buch vom Hofmann* (1528) entwirft den Idealtypus der sich am Hof bewährenden Persönlichkeit, die trotz der Einbindung in die Geschäfte ihre Individualität bewahrt. Vom Höfling, der sich strategisch den Anforderungen seiner Umgebung anpasst, unterscheidet sich Castigliones Hofmann durch die vollkommene Harmonie zwischen äußeren und inneren Werten. Dies ermöglicht eine künstlerische und literarische Bildung, die dem reinen Pragmatismus Grenzen setzt. Liebe und Schönheit werden als Bande bezeichnet, mit denen Gott die Menschen untereinander verbindet. Hinter dieser Auffassung steht ein optimistisches Menschen- und Gesellschaftsbild, das auf wechselseitige Vervollkommnung von Individuum und Gesellschaft ausgerichtet ist.

Das neue Persönlichkeitsideal verleiht Machiavellis *Der Fürst* eine über den engen Bereich der Regierungskunst hinausreichende Bedeutung, die ihn zu einem Meilenstein in der Geschichte der philosophischen Lebenskunst macht. Das Buch steht in der Tradition der zeitgenössischen Fürstenspiegel, also der Anleitungen zu einer guten Herrschaftspraxis. Dabei bildet die stoische Tugendlehre den Rahmen, in den sich das politische Handeln einzufügen hat. Ausgehend von einem realistischen Menschenbild, das die tierischen Triebkräfte menschlichen Handelns freilegt, kehrt Machiavelli das Verhältnis von Moral und Politik um. Das sieht auf den ersten Blick nach einer Zerstörung der Moral aus, nach ihrer Unterordnung unter die zügellose Machtgier der Herrschenden. Diese Lesart hat denn auch den Machiavellismus als Theorie unmoralischer Machtpolitik in Verruf gebracht, und insofern scheint sich *Der Fürst* kaum als Modell für eine philosophische Lebenskunst zu eignen.

Bei genauerem Hinsehen allerdings wandelt sich das Bild. Es geht Machiavelli nicht um eine Verabschiedung der Moral, sondern um eine Transformation der antiken Tugendethik unter den Bedingungen der neuzeitlichen Staatsformen. Die sittliche Gemeinschaft der griechischen Polis gehört endgültig der Vergangenheit an, so dass Selbsterhaltung, sei es des Staates, sei es der Bürger, zur neuen Leitidee wird. Man kann hier auch von einer funktionalistischen Ethik sprechen, welche die Moralität an den Folgen des Handelns misst. Die Wende zum Konsequentialismus begründet Machiavelli damit, dass die Orientierung an einem idealen und von der konkreten Situation abgeschnittenen Wertekanon notwendig zu einer Scheinmoral führt, die den berechtigten Interessen des Menschen schadet: »Denn betrachtet man das Ganze, so wird man finden, dass es scheinbare Tugenden gibt, bei deren Ausübung man zugrunde geht, und scheinbare Laster, bei denen Sicherheit und eigenes Wohlbefinden gewährleistet sind.« (*Der Fürst*, Kap. 15) Gegen das Vertrauen in ein Gutes um seiner selbst willen, von dem Platon ausgeht, entwickelt Machiavelli eine Ökonomik der Tugenden, die als reine Operationszeichen fungieren, d. h. als Zeichen, deren Bedeutung ausschließlich durch den Gebrauch bestimmt ist. Das erfordert die Selbsterhaltung, die für Machiavelli freilich mehr ist als der bloße Kampf ums physische Dasein, nämlich die Herstellung geistiger Konsequenz und Einstimmigkeit – eine Aufgabe, an der sich der Mensch ständig zu bewähren hat. Genau das aber macht die Kunst des Überlebens aus, bei der das Ökonomieprinzip leitend ist. So, wie man in der modernen Logik eine Gebrauchstheorie der Bedeutung entwickelt hat, kann man bei Machiavelli von einer Gebrauchstheorie der moralischen Werte sprechen.

So radikal der Bruch gegenüber der humanistischen Ethik auch ist, Machiavellis Funktionalismus weist deutliche Übereinstimmungen mit der aristotelischen Tugendethik auf. Aristoteles hat für die ethischen Tugenden die Befolgung eines mittleren Maßes gefordert, weil nur so den natürlichen Trieben des Menschen Rechnung getragen werden könne. Damit erkennt er eine gewisse Relativität der moralischen Bewertungen an. Eben diese Relativität, die nicht mit prinzipienlosem Relativismus verwechselt werden darf, steckt in Machiavellis Realismus. Sein Leitbegriff der *virtù*, der nach dem Vorbild römischer Staatslenker Durchsetzungskraft mit moralischem Sinn verbindet, schätzt das Machbare höher als abstrakte Prinzipien. Diese führen zu einer gefährlichen Doppelmoral, in der Machiavelli den Grund sittlichen Verfalls sieht.

Diese Lesart macht plausibel, dass Machiavellis *Der Fürst* als Modell für die Lebenskunst des normalen Menschen aufgegriffen wurde. Die Moralität bedarf der Überprüfung an den Bedingungen, unter denen die Menschen zusammenleben, und das erfordert nicht nur Techniken der Herrschaft über andere, sondern auch und in erster Linie Techniken der Herrschaft über sich selbst. Der Mensch muss mit der Widersprüchlichkeit seiner Regungen fertig werden. Eine schwierige Aufgabe, für deren Bewältigung die stoische Apathie nicht genügt. Das menschliche Triebleben, so die Einsicht der Psychologie, ist zu stark, als dass man bei seiner Beherrschung ohne Anwendung von Machtmitteln auskäme. Die Lehre Machiavellis lautet demnach: Der Erhalt der Lebenseinheit des Staates und der Erhalt der Lebenseinheit des Individuums – Regierungskunst und Lebenskunst – unterliegen den gleichen Regeln eines ethischen Realismus. Noch stärker als Machiavelli hat Francesco Guicciardini (1483–1540) in seinen Aufzeichnungen und Aphorismen die Unauflösbarkeit einer konkreten Situation in allgemeine Gesetze betont, weshalb die Lebenskunst eines ausgebildeten Unterscheidungsvermögens bedürfe, um den Handlungsspielraum einschätzen zu können. Illusionslose Einschätzung der Lage kann durchaus taktische Manöver notwendig machen. Nur kommt es darauf an, dass jeder sich darüber im Klaren ist, welche Rolle er spielt. Wie aktuell die Warnung vor Selbsttäuschung ist, lässt sich daran ablesen, dass derzeit moralphilosophische Realisten Lebenskunst unter dem Begriff von »Lebenspolitiken« (Hans-Peter Krüger) explizieren.

Primat der Selbsterfahrung

Das Menschenbild der Renaissance, das in Machiavellis *Der Fürst* seine höchste Steigerung erfahren hat, gewinnt in eigentümlich gebrochener Form außerhalb Italiens Gestalt, nämlich in Frankreich, das in der zweiten Hälfte des 16. Jahrhunderts die Führung der humanistischen Bewegung übernommen hat. Der südfranzösische Edelmann Michel de Montaigne (1533–1592), Politiker und Humanist sowie ein intimer Kenner der italienischen Kultur, hat in seinen berühmten *Essais* (1588) ein Bild eines Menschen entworfen, das neben der Philosophie Descartes' zum Leitbild des modernen Subjektivismus wurde. Die *Essais* schildern und reflektieren die *conditio humana* in der perspektivischen Vielfalt ihrer Erscheinungen. Affekte, Dispositionen, individuelle Situationen und kollektive Lebensformen sind die Themen, die unsystematisch und in lockerer Folge abgehandelt werden; die

Hinwendung zur Lebenswelt als die einzig angemessene Form, ethische Themen zu behandeln. Die traditionellen moralphilosophischen Traktate verfehlen nach Montaigne durch ihre abstrakten Begriffe sowie durch ihre deduktive Methode die konkreten Situationen, in denen sich die Menschen als moralische Subjekte zu bewähren haben.

Als Quellen für die Beispiele und Sentenzen bedient sich Montaigne antiker Autoren, insbesondere der römischen Klassiker wie Cicero, Seneca, Lukrez und Plutarch. Christliche Autoren wie die mittelalterlichen Dogmatiker oder die Kirchenväter spielen kaum eine Rolle, Augustinus wird in den *Essais* nicht einmal erwähnt. Angesichts dieser Quellenlage und des ausdrücklichen Verzichts auf ein eigenes metaphysisches System kann man Montaignes Philosophieren als Eklektizismus bezeichnen. Das ist allerdings nicht im abwertenden Sinne gemeint, sondern beschreibt ein für den Ausgang der Renaissance charakteristisches Selbstverständnis, das die den späteren Rationalismus kennzeichnenden Oppositionen von alt und neu, historisch und systematisch, Eigenem und Fremdem unterläuft.

Das Bild, das Montaigne vom Menschen zeichnet, unterscheidet sich von der hierarchischen Konzeption des christlichen Platonismus darin, dass alle Dispositionen des Menschen als gleichberechtigt anerkannt werden. An die Stelle der platonischen Hierarchie der Seelenteile und der christlichen Unterordnung des Körpers unter den Geist tritt bei Montaigne der Mensch in seiner kreatürlichen Ganzheit. Hinzu kommt, dass der Mensch als solcher immer nur aus der konkreten Situation beurteilt werden kann, in der er sich jeweils befindet. Damit ist für Montaigne die Wirklichkeit erfasst, mit der es der Mensch in seinem sittlichen Streben zu tun hat. Das Jenseits wird ausgeblendet, der Standpunkt der Immanenz rechtfertigt ein an den diesseitigen Freuden orientiertes Leben, dem man sich getrost überlassen kann.

Unter Lebensklugheit versteht Montaigne die Fähigkeit, der eigenen Lebensform, dem, »was in uns ist«, Raum zu geben. Damit kommt eine Unbestimmtheit in das Menschenbild, die Wilhelm Dilthey (1833 – 1911) mit dem prägnanten Satz auf den Punkt gebracht hat: »Wie berühmte Hermen des Altertums ein doppeltes Gesicht zeigen, so sieht man in Montaignes *Essais* den Skeptiker, dreht man aber den Kopf um, den römischen Stoiker.« (*Die Autonomie des Denkens*, in: GS II, 263) Damit sind freilich noch nicht alle Gesichter benannt, die Montaigne am Menschen entdeckt. Alle Mischungen von Tugendhaftigkeit und Bosheit sind erlaubt, insofern sie die Dynamik der menschlichen Natur zum Ausdruck bringen. So sehr die Vielheit der Lebensformen eine Sinnkonsistenz unmöglich zu machen droht, Montaigne hält am stoischen Naturbegriff als Orientierungsinstanz fest. Bei aller Skepsis gegenüber moralischer Gebrechlichkeit bietet das »Leben nach der Natur« der römischen Stoiker den Rahmen, in dem der Mensch auch unabhängig von religiösen Dogmen ein glückliches und moralisch gutes Leben führen kann.

Die Probe aufs Exempel seines Menschenbildes macht Montaigne an sich selbst. Nach seiner eigenen Aussage ist er selbst der Hauptgegenstand all seiner Betrachtungen. Die Dinge und die anderen Menschen berühren ihn zwar, binden ihn aber nicht, so dass es ihm letztlich immer nur auf Übereinstimmung mit der eigenen Person ankommt. Darin bewegt sich Montaigne auf der Linie des Individualismus der Renaissance. Aber im Unterschied zur machtorientierten Selbsterhaltung des Renaissancemenschen, der sich als Herrscher vom Volk abhebt, präsentiert Montaigne sich selbst als Beispiel des gewöhnlichen Menschen. Sieht man einmal von der leicht künstlichen Bescheidenheit ab, so bleibt doch unverkennbar, dass Montaigne zu einer ganz neuen Form der Subjektivität vordringt. Das zum Egoismus neigende überhöhte Selbstwertgefühl des Renaissancemenschen weicht einer skeptischen bis ironischen Selbstdarstellung. Damit kommen verschiedene Identitäten in den Blick, die sich der konkreten Situation anpassen und das Individuum jeder Definition entziehen.

Vor dem Hintergrund von Machiavellis *Der Fürst* kann man bei Montaigne geradezu davon sprechen, dass der Wille zur Macht in der Subjektivität implodiert. Ja, stellenweise wird das Selbstverhältnis geradezu zu einem Ausweichen vor sich selbst. Bemerkenswert an dieser Dezentrierung des Subjekts ist allerdings, dass sie nicht zu einer moralischen Schwächung führt. Im Gegenteil: Gerade in der Zurücknahme gewinnt das Selbst eine unerwartete moralische Stärke, die in der Freiheit von Bindungen an fremde Handlungsmaximen gipfelt. So stellt Montaigne an die moralphilosophischen Systeme der Antike die Frage, ob er nach ihren Maximen wirklich leben könne, und kommt zu einem negativen Ergebnis. Nicht dass der Mensch ohne philosophische Reflexion dahinleben sollte, aber alles Tugendwissen muss dem Prinzip skeptischer »Gleichgültigkeit« folgen. Diese Skepsis in Verbindung mit dem stoischen Vertrauen in die Natur versetzt Montaignes Selbst in die Lage, sich als glücklichen und zugleich moralisch zuverlässigen Menschen zu bezeichnen.

Fragt man nach dem Ertrag der neuen Selbsterfahrung für die Praxis der Lebenskunst, so führt uns Montaigne selbst zur richtigen Antwort. Zu Beginn des Essais *Über die Reue* steht der Schlüsselsatz: »Die anderen formen die Menschen, ich erzähle von ihm und stelle einen Einzelnen dar, der recht schlecht geformt ist.« Dieser Einzelne ist natürlich kein anderer als Montaigne selbst, der es sich als Autor wie als Gegenstand der Selbstdarstellung verbietet, moralische Vorschriften zu machen. Entsprechend werden die Sentenzen, die Montaigne von den antiken Autoren übernimmt, niemals affirmativ, sondern immer im Hinblick auf das in ihnen beschriebene Problem vorgestellt.

Lebenskunst beginnt für Montaigne demnach dort, wo die präskriptive Ethik endet. Denn das Leben, so seine Überzeugung, lässt sich in der sich dauernd wandelnden Totalität nicht auf ein System von Tugendregeln reduzieren. Damit aber ist keineswegs ein vollständiger Verzicht auf moralische Charakterformung verbunden. Immerhin spricht Montaigne von sich als einem Einzelnen, der recht schlecht geformt ist, und fügt hinzu, er würde ihn »weiß Gott« anders machen, als er ist. Doch maßt sich Montaigne nicht an, als Moralphilosoph einen zweiten Gott zu spielen. Denn im Tiefsten ist er doch der Überzeugung, dass sich bei genauer Beobachtung ein positiveres Bild des Menschen abzeichnet, das von der Weisheit Gottes oder der Natur zeugt.

Dieser Optimismus der beobachtenden Vernunft macht strenge moralische Vorschriften überflüssig, und nicht einmal als Vorbild will Montaigne sein Selbst verstanden wissen. Allenfalls dient es als Beispiel für ein Allgemeines im Besonderen, für ein individuelles Gesetz, das jeder in sich selbst entdecken muss. Moralphilosophie als Lebenskunst will nicht vorschreiben oder erziehen, sondern allenfalls zu denken geben, welche humanen Ressourcen jeder Einzelne in sich trägt. Folglich kommt es für Montaigne nicht darauf an, den Menschen zu formen, sondern ihm ein Beispiel dafür zu geben, wie man durch Erfahrung und Bildung sich selbst erkennen und aus sich selbst das machen kann, was die eigene Konstitution verspricht. Stärker als bei Montaigne selbst ist die praktische Perspektive bei seinem jüngeren Freund Pierre Charron ausgebildet, der in der seinerzeit berühmten Schrift *De la Sagesse* (dt. *Über die Weisheit*) (1601) die Menschen auffordert, das neue Selbstwertgefühl des mit sich selbst übereinstimmenden Menschen in praktisches Verhalten umzusetzen.

Eine gute Bestätigung für Montaignes realistische, der Selbsterfahrung entspringende Auffassung von Subjektivität bietet sein bekanntester und philosophisch wohl bedeutendster Essai *Phi-*

losophieren heißt sterben lernen. Der Gedanke an den eigenen Tod ist für Montaigne kein Anlass zur Verzweiflung. Es komme vielmehr darauf an, einen angemessenen Begriff vom Tod zu entwickeln. Der Tod ist zwar das unabwendbare Ende der menschlichen Existenz, aber er bleibt dem Menschen nicht äußerlich, er gehört zum Wesen der menschlichen Existenz selbst. Die damit geforderte Integration des Todes in das Leben gelingt nach Montaigne freilich nur, wenn man die Realität des Todes nicht verdrängt, ihn sich aber auch nicht als Schreckgespenst ständig vor Augen hält, sondern mit seinem unvorhersehbaren Eintreten rechnet. Nicht dass der Tod, wie Epikur meinte, den Menschen nichts angehe, aber man müsse ihn in gebührender Distanz halten. Im Gefasstsein auf den Tod gelange der Mensch in diesem Leben zur Freiheit, seine Aufgaben wahrzunehmen und sich dabei des Lebens zu erfreuen: »Wer die Menschen sterben lehrte, würde sie leben lehren [...].« Die Philosophie findet für den Skeptiker Montaigne ihre Vollendung in der Kunst, auch im Angesicht des Todes Selbstbeherrschung zu bewahren. Hier erfährt die Lebenskunst durch die Kunst des Sterbens eine philosophische Vertiefung, die bis in die moderne Existenzphilosophie hineingewirkt hat.

4. Von den Moralisten zu Kants Trennung von Ethik und Lebenskunst

Immanuel Kant (1724 – 1804) hat mit der *Kritik der praktischen Vernunft* einen Paradigmenwechsel in der Moralphilosophie vollzogen, der das moralische Empfinden selbst verändert hat. An die Stelle subjektiv geltender Grundsätze des Handelns tritt ein allgemeingültiges Sittengesetz, dem sich niemand entziehen kann. Indem Kant nicht mehr das Glück als höchstes Gut betrachtet, dessen Erreichen verschiedene Formen der Moralisierung zulässt, verliert auch die philosophische Lebenskunst ihren Ort im System der Philosophie. Aber die Austreibung der Lebenskunst aus der Moralphilosophie ist allem Rigorismus zum Trotz bei Kant nicht definitiv, da der kategorische Imperativ die Motivation zum sittlichen Handeln nicht erklärt. Seiner rein formal-logischen Begründung fehlt die emotionale Evidenz, die Imperative für die Menschen zu »lebendigen Optionen« macht. Kant hat dieses Defizit natürlich gespürt und sich mit dem Begriff der Achtung vor dem Gesetz als »intellektuelles Gefühl« zu retten versucht. So ist es nicht verwunderlich, dass die aus dem System der Moral vertriebene Lebenskunst durch eine Hintertür wieder hereinkommt, vielleicht sogar nicht wirklich vertrieben worden ist. Um zu klären, in welcher Form die Frage der Motivation in und nach der kantischen Pflichtethik weiterlebt, ist zunächst ein Blick auf die Lebenskunsttradition des 17. Jahrhunderts zu werfen, deren Vertreter »Moralisten« heißen.

Die Moralisten

Sicherlich kann man auch die Denker der Renaissance zu den Moralisten rechnen, wenn man unter Moralistik jede funktionalistische Auffassung von Moral versteht. Damit steht die Moralistik der antiken Phronesis nahe, allerdings mit dem Unterschied, dass sie das Wissen von den Gütern und den Übeln nicht wie Aristoteles an einem vorgegebenen Telos misst, sondern systemimmanent bestimmt. Das entspricht eher der hellenistischen Lebenskunst, deren Regeln darauf abzielen, dem einzelnen Menschen in einer feindlichen Umwelt ein einigermaßen gutes Leben zu sichern. Insofern gehören die Moralisten nicht nur historisch in die Tradition der philosophischen Lebenskunst, sondern sie repräsentieren einen systematisch wichtigen Aspekt, der in der gegenwärtigen Lebenskunstliteratur zu wenig Berücksichtigung findet. Denn wenn die Moralisten auch auf Klugheit im Sinne berechtigter Interessen der Selbsterhaltung setzen, so liegt ihnen der postmoderne Subjektivismus und Ästhetizismus doch fern. Ihre Klugheitsmoral ist pragmatisch auf den Preis ausgerichtet, den der Mensch für ein gutes Leben zu entrichten hat. Die Frage der Moral lautet demnach nicht primär »Was soll ich tun?«, sondern »Wie ist die Welt beschaffen?«, um danach das Verhalten auszurichten.

Baltasar Gracian: Desengano

Die Moralistik erreicht im 17. Jahrhundert ihren Höhepunkt in Frankreich. Im Unterschied zur Lebenskunst in der italienischen Renaissance, die das starke Individuum in den Mittelpunkt rückt, sind die französischen Moralisten mehr auf das soziale Leben fokussiert. An die Stelle des *uomo universale* tritt der *honnête homme*, der in der höfischen Gesellschaft nur durch »klassische Dämpfung« der Leidenschaften bestehen kann. Als Zwischenglied zwischen Italien und Frankreich ist der Spanier Baltasar Gracian (1602–1658) zu nennen, dessen Aphorismensammlung *Handorakel* (1647) durch die Übersetzung Schopenhauers im deutschen Sprachraum bis heute zu den unumstrittenen Klassikern der Lebenskunstliteratur zählt. Gracian war Rektor des Jesuitenkollegs zu Arragona, Prediger und Beichtvater, seine literarische Produktion aber ist weltlich ausgerichtet. Seine Quellen sind die römischen Stoiker, aber auch die alttestamentliche Spruchliteratur sowie die Traktate der italienischen Renaissance. Die kurzen, meist nur eine halbe Seite umfassenden Aphorismen beginnen in der Regel mit einer Handlungsmaxime wie beispielsweise »leidenschaftslos sein«, deren Opportunität dann psychologisch und durch Lebenserfahrung erläutert wird. Darin folgt Gracian der Denkform der Topik, die sich auf die Beurteilung einer besonderen Situation konzentriert. Insofern kann man ihn als Denker des spanischen Barock nur bedingt in die antike Tradition der Lebenskunst einreihen, soweit diese allgemeine Verhaltensregeln formuliert. Aber gerade in der kasuistischen Auflockerung strenger Regelbefolgung liegt die Aktualität von Gracians Beitrag zur Lebenskunst.

Anders als die *Essais* von Montaigne enthalten Gracians Aphorismen keine historischen Verweise, sondern konzentrieren sich in stilistisch ausgefeilter Form direkt auf die Sache. Wie aus dem vollständigen Titel *Handorakel und Kunst der Weltklugheit* hervorgeht, formulieren sie Strategien im Umgang mit den anderen und mit sich selbst. Ziel ist die Durchsetzung eigener Absichten, bei der unlautere Mittel keineswegs ausgeschlossen sind. Im Gegenteil: Viele Empfehlungen der Klugheitslehre grenzen geradezu an Ruchlosigkeit, die Gracian angesichts seines pessimistischen Menschenbildes allerdings für eine dem Weltlauf angemessene Verhaltensweise hält. Der Glaube an die natürliche Güte des Menschen führe nur dazu, die Welt noch schlechter zu machen, als sie ohnehin ist. Leichtgläubigkeit entspringe einem Mangel an Urteilskraft, die andere Menschen zur Skrupellosigkeit verleitet und dem Gutgläubigen Enttäuschungen bereitet.

Gracian, der auch ein Buch mit dem Titel *Der Held* geschrieben hat, steht im Gebrauch der Klugheit Machiavelli an List in nichts nach. Er verfolgt offen das Ziel, der machiavellistischen Staatsraison das Prinzip einer »Staatsraison seiner selbst« zur Seite zu stellen. Die Sicherung der Belange der eigenen Person wird zur Richtschnur des gesellschaftlichen Handelns, wobei auf die christliche Tugendlehre kaum Rücksicht genommen wird. Nun würde man die Pointe der Weltklugheit Gracians verfehlen, wenn man ihm einen expliziten Immoralismus unterstellte. Ebenso wie Machiavelli an der römischen *virtus* festhält, beschreibt Gracian die Idealfigur des »Weisen«, der sich gegenüber der Umwelt seine innere Unabhängigkeit bewahrt. Hier liegt das Paradoxon der Weltklugheit, die keine strategischen Winkelzüge und Täuschungen des Gegners scheut, um die eigene Autarkie zu bewahren. Der Spagat gelingt nur dadurch, dass zwischen Handlung und Person unterschieden wird. Hinter der Lebenskunst, die im Bereich des Handelns alles erlaubt, was nützt, steht eine Ethik der Person, deren innerer Kern vom äußeren Auftreten weitgehend unberührt bleibt.

Es bleibt natürlich die Frage, ob und wie sich die Immunität der moralischen Person im Rahmen skrupelloser Taktik wahren lässt. Kann man zwischen außen und innen, zwischen Handlung und Gesinnung wirklich so eindeutig unterscheiden, wie es Gracian nahelegt? Wahrscheinlich nicht, und in späteren Zeiten ist das auch so gesehen worden. Aber es hat doch Sinn, sich vor Augen zu führen, aufgrund welcher Überlegungen Gracian zu der Überzeugung gelangt ist, dass sich die Arglist der Schlange mit der Arglosigkeit der Taube verbinden lasse. Das führt zum gegenwärtig unter den Titeln Externalismus und Internalismus kontrovers diskutierten Problem des Zusammenspiels von innerer Überzeugung und äußerer Handlung, das auch für das Verständnis der französischen Moralisten von grundsätzlicher Bedeutung ist.

Das unverzichtbare Mittel, die Integrität der Person zu wahren, sieht Gracian in der Fähigkeit, zwischen Wirklichkeit und Schein zu unterscheiden: »WIRKLICHKEIT UND SCHEIN. Die Dinge gelten nicht für das, was sie sind, sondern für das, was sie scheinen. Selten sind die, welche ins Innere schauen, und viele die, welche sich an den Schein halten.« (Aphorismus Nr. 99) Beim Blick ins Innere geht es nicht darum, fremden Schein zu durchschauen, sondern den eigenen Schein; die Selbsttäuschungen also, die zur Selbstentfremdung der Person führen. Hier spielt Gracian auf die ursprüngliche Bedeutung von lateinisch »persona« an: die Maske, durch die der Schauspieler zu den Zuschauern spricht. Selbsterkenntnis heißt demnach, sich der eigenen Maske bewusst zu sein, damit man nicht Opfer seiner Täuschungsmanöver wird: »KENNTNIS SEINER SELBST: an geistigen Anlagen, an Erfindungsgabe, an Urteil, an Neigungen. Keiner kann Herr über sich sein, wenn er sich nicht zuvor begriffen hat.« (Aphorismus Nr. 89) Zu Zeiten Gracians nannte man diese Form der Selbsterkenntnis in Spanien den »desengano«: die Illusionslosigkeit als Lebensform, die kritischen Geist und Willensstärke erfordert. Es zeichnet den »Weisen« aus, kluger Weltmann nach außen und schonungsloser Realist nach innen zu sein. Mit der Fähigkeit und dem Mut, die eigenen Illusionen zu leben, nähert sich Gracian der analytischen Psychologie der französischen Moralisten. So schlägt sein Handorakel eine Brücke zwischen den Idealtypen der italienischen Renaissance und des französischen Absolutismus.

Französische Moralisten

Der Vater der französischen Moralisten ist La Rochefoucauld (1613–1680), dessen *Maximen und Reflexionen* erstmals 1665 erschienen sind. In der Form sind sie noch prägnanter und kürzer als die Aphorismen Gracians. Sie umfassen meist nur wenige Zeilen und geben keine Handlungsanweisungen, sondern sind Feststellungen über die Natur des Menschen. Das Fazit ist ernüchternd und findet seine prägnante Formulierung in dem Motto, das La Rochefoucauld der vierten Auflage seiner *Reflexionen* vorangestellt hat: »Unsere Tugenden sind meist nur verkleidete Laster.« Während Gracian noch der Meinung war, durch vernünftige Überlegung im Einsatz strategischer Mittel könne der Mensch die Integrität und Tugendhaftigkeit seiner Person wahren, geht La Rochefoucauld in der Destruktion der Tugend einen Schritt weiter. Durch seine entlarvende Psychologie kommt er zu dem Schluss, dass auch die Vernunft den Menschen nicht vor Selbstbetrug bewahren kann. Hinter allen Handlungen verberge sich Eigeninteresse und Eigenliebe, eine Einsicht, welche die Möglichkeit personaler Tugendhaftigkeit grundsätzlich infrage stellt. Niemand kann sicher sein, dass seine Bescheidenheit, Aufrichtigkeit, Milde und Güte nicht nur Masken der Eigenliebe sind.

Man pflegt das Menschenbild der französischen Moralisten als pessimistisch einzuschätzen, aber damit wird man ihrer Position nicht ganz gerecht. Denn den Moralisten geht es nicht um Gut und Böse, auch nicht um Schein und Sein, sondern um eine Beschreibung des Menschen, die sich jenseits der traditionellen Dichotomien der Tugendethik bewegt. Die leitenden Tugenden sind für sie nicht Klugheit und Weisheit, sondern Verdienst und Ehre, soziale Werte also, die vom Gebrauch abhängen, welchen der Mensch von seinen natürlichen Gaben macht. Lebenskunst beruht auf Weltklugheit, auf der Bereitschaft, die Situation realistisch zu beurteilen, wobei es weniger auf die Absichten und mehr auf die Wirkungen von Handlungen ankommt.

Die Moralisten setzen auf Handlungsregeln, die keine unmittelbare Verbindung mit dem Inneren des Menschen haben. Ob es überhaupt einen moralischen Kern gibt, ist den Moralisten im Wesentlichen gleichgültig, Hauptsache: Der Verhaltenscode ermöglicht den Anschluss des Individuums an die bestehende Gesellschaft. So sucht man bei den Moralisten vergeblich nach einer Systemkritik, die hierarchische Struktur der Gesellschaft wird an keiner Stelle infrage gestellt. Aber das bedeutet keineswegs, dass Moralisten Moral als bloße Anpassung an das gesellschaftliche Leben verstehen. In Wahrheit verhält es sich eher umgekehrt: Die selbstverständliche Anerkennung der gegebenen Ordnung dient der Stabilisierung der schwankenden und selbstzerstörerischen Natur des Menschen. Der moralistische Funktionalismus bedeutet somit keine Unterordnung des individuellen Verhaltens unter das System, sondern wechselseitige Korrektur von Individuum und Gesellschaft. Ein gelingendes Leben wird so zum Maßstab für die Funktion des Systems. Insofern sind die Moralisten Kulturalisten, die in der gesellschaftlichen Stellung den Faktor sehen, der den Einzelnen zu sozialverträglichem Handeln motiviert.

Der funktionale Externalismus der Moralisten beruht auf der moralpsychologischen Einsicht, dass es im Erleben und Verhalten der Menschen keinen Beweis für die Reinheit der Gesinnung gibt. Für die moralische Praxis bedeutet das: Der Mensch muss anderen und vor allem sich selbst gegenüber in der moralischen Bewertung seiner Handlungen und Einstellungen auf der Hut sein. Insbesondere die Leidenschaften bedürfen strenger Kontrolle, für die die Urteilskraft als eigenes Vermögen neben der Vernunft zuständig ist. Allerdings irrt der Mensch in der Beurteilung von Handlungen, was die Moralisten zu einer eher pessimistischen Einstellung bewogen hat. Genau diese Einsicht war es, die auch Kant veranlasst hat, die Moralität von allen empirischen Regungen abzukoppeln und in die Hände der reinen Vernunft zu legen. Mit den Moralisten war er sich darin einig, dass sich niemand der Lauterkeit seiner Motive sicher sein kann. Ja, moralisches Versagen sieht er weniger in den bösen Handlungen der Menschen als vielmehr im »blauen Dunst«, den sich die Menschen hinsichtlich ihrer moralischen Selbsteinschätzung vorzumachen pflegen.

Moralischer Sinn

Die Antwort auf die psychologische Demaskierung der Tugend durch die französischen Moralisten ließ nicht lange auf sich warten. Sie kam aus England, wo das aufstrebende Bürgertum die Lebensanschauung stärker bestimmte als im Absolutismus Frankreichs. Entlastet vom Zwang, sich zu verstellen, um solchermaßen den Herrschenden zu gefallen, konnte der Bürger die moralistische Destruktion der Tugend nicht in sein Selbstwertgefühl aufnehmen. Man bestand darauf, dass es neben der Eigenliebe auch soziale Triebfedern des Handelns gebe, die sich der kalten Berechnung entziehen. Die englische Empfindsamkeit erging sich in gefühlsmäßigen Regungen, deren Verfeinerung oft so übertrieben wurde, dass sie ihre moralische Qualität eingebüßt haben und in einem raffinierten Sensualismus endeten. Der erste Denker, der dieser Wendung gegen den Intellektualismus Ausdruck verliehen hat, war der Earl of Shaftesbury (1671–1713). In die Philosophiegeschichte ist er als Vertreter einer Rehabilitierung des Geschmacks eingegangen, wobei seine Ästhetik aber eng mit seiner Ethik zusammenhängt. Diese geht von einem angeborenen »moralischen Sinn« (*moral sense*) aus, der den Menschen zu sozialverträglichen Handlungen motiviert. Seine eudämonistische Tugendlehre gipfelt im Enthusiasmus, den Shaftesbury als »Leidenschaft für das Gute und Schöne« definiert.

Für die Lebenskunst ergibt sich daraus eine Einstellung, die dem Misstrauen der Moralisten gegenüber allen Gefühlsäußerungen genau entgegengesetzt ist. »Hör auf dein Gefühl!«, so ließe sich die Empfehlung formulieren, die Shaftesbury in seiner *Untersuchung über die Tugend* (1699) und in *Die Moralisten* (1709) den »gebildeten Weltleuten« seiner Zeit gibt. Einen Weg dahin sieht Shaftesbury in der ästhetischen Erziehung, die den Menschen dazu befähigt, ein harmonisches Gleichgewicht zwischen egoistischen und altruistischen Trieben herzustellen. In einer derartigen Harmonie aller Lebensäußerungen liegt für Shaftesbury die Glückseligkeit, die zu befördern das ursprüngliche Ideal der Philosophie als Weisheitslehre darstellt: »Entspringt also die Glückseligkeit teils aus uns selbst, teils aus äußeren Dingen, so müssen wir jedes abwägen und auf die inneren Güter, die bloß von uns selbst abhangen, einen gewissen Wert setzen. Tun wir das, und überleg' ich nun, wie und worin diese inneren Güter den Vorzug verdienen, wann und in welchen Fällen sie gewählt und verworfen werden müssen usw. – was ist dies anders als philosophieren?« (*Die Moralisten*, 207)

Klugheit im Umgang mit Menschen

Der Kult der Innerlichkeit hat sich im ausgehenden 18. Jahrhundert auch in Deutschland ausgebreitet. Man kann von einer Säkularisierung der pietistischen Selbsterziehung im unmittelbaren Verhältnis des Menschen zu Gott sprechen, von einer Umwandlung in psychologische Selbstbeobachtung. Der säkularisierte Pietismus ist insbesondere in der introspektiven Psychologie von Karl Philipp Moritz (1757 – 1793) als empirische Disziplin etabliert worden, deren Ziel es war, den Menschen durch Eindringen in die verborgenen Seiten der Psyche Orientierungshilfen für den Umgang mit Stimmungsschwankungen zu geben. So werden die Begriffe »Menschenkunde« und »Lebensphilosophie« oder »Philosophie des Lebens« zu einer aphoristischen Form von Lebenskunst verbunden, die in Opposition zur Schulphilosophie tritt. Die Aphoristik von Georg Christoph Lichtenberg (1742–1799) ist dafür das prominenteste Beispiel.

Vor diesem Hintergrund kommt dem Werk *Über den Umgang mit Menschen* von Adolph Freiherr Knigge (1752-1796) eine nicht hoch genug einzuschätzende Bedeutung zu. »Der Knigge«, der im 19. Jahrhundert zu einem reinen Benimmbuch verfälscht wurde, enthält nichts weniger als eine Summe der moralistischen Lebenskunst, die sich nicht mehr primär an die Hofleute wendet, sondern das aufgeklärte Bürgertum zum Adressaten hat. Gemäß der Forderung der Aufklärungsphilosophie, dass das eigentliche Studium des Menschen der Mensch sei (Alexander Pope), gibt Knigge eine ausgewogene Analyse der Natur des Menschen, die Stärken wie Schwächen gleichermaßen registriert. Daraus leitet er einen vorsichtigen Optimismus hinsichtlich der Glückserfüllung ab. Gefordert wird vom Menschen ein besonnener Umgang mit den Bedürfnissen und Erwartungen der anderen, aber auch und vor allem im Umgang mit sich selbst: »Die Pflichten gegen uns selbst sind die wichtigsten und ersten, und also der Umgang mit unserer eignen Person gewiss weder der unnützeste noch uninteressanteste. Es ist daher nicht zu verzeihen, wenn man sich immer unter anderen Menschen umhertreibt, über den Umgang mit Menschen seine eigene Gesellschaft vernachlässigt, gleichsam vor sich selber zu fliehen scheint, sein eigenes Ich nicht kultiviert und sich doch stets um fremde Händel bekümmert.« (*Über den Umgang*, 66 f.) Das antike Ideal der Freundschaft mit sich selbst interpretiert Knigge als Respekt vor sich selbst, der die Grundlage für ein positives soziales Verhalten ist, das nach den unterschiedlichen Personengruppen differenziert vorzugehen hat. Bei aller Anpassung an die Situation ist die Treue im »inneren Bewusstsein«, die feste Gesinnung, der oberste Grundsatz, der ein verlässliches moralisches Verhalten garantiert. Nach diesem Maßstab beurteilt Knigge den Weltbürgergeist seines Jahrhunderts äußerst kritisch, wie seine ironische Schilderung der Individualmoral des um sich selbst sorgenden Menschen belegt, der sich »ein System zur Befriedigung seiner Triebe erfindet. – O gebenedeietes, goldenes Zeitalter! Dann machen wir alle nur eine Familie aus; dann drücken wir den edeln, liebenswürdigen Menschenfresser brüderlich an unsere Brust und wandeln, wenn dies Wohlwollen sich erweitert, endlich auch mit dem genievollen Orang-Utan Hand in Hand durch dies Leben. Dann fallen alle Fesseln ab! Dann schwinden alle Vorurteile! Ich brauche nicht meines Vaters Schulden zu bezahlen; habe nicht nötig, mich mit einem Weibe zu begnügen, und das Schloß vor meines Nachbars Geldkasten ist kein Hindernis, mein angebornes Recht auf das Gold, das die mütterliche Erde uns allen darreicht, in Ausübung zu bringen.« (126) In diesen Worten taucht das Gespenst des frühromantischen Individualismus auf, das Knigge durch seinen bürgerlichen Verhaltenskodex zu bannen versuchte.

Mit Knigge teilt Kant die Überzeugung der Aufklärung, dass nur ein durch die Vernunft geleitetes Leben der Bestimmung des Menschen als moralisches Subjekt gerecht wird. Allerdings konnte er sich den kritischen Einwänden gegen das rationalistische Menschenbild und der damit verbundenen Überzeugung von der Einheit von Glück und Moral nicht dauerhaft entziehen. Es wird in der Geschichte der Ethik oft zu wenig beachtet, dass Kant in den 1760er Jahren im Anschluss an die Engländer das moralische Gefühl als Grundlage der Tugendlehre betrachtet hat. Er war tief beeindruckt von Rousseaus Menschenbild, dem gemäß

Tugend nicht vom sozialen Status und von der Bildung abhängt. Aber auch die Gefühlsethik bietet Kant keinen verlässlichen Rahmen für moralisches Verhalten. So hat er die radikale Trennung von Tugendethik und systematischer Moralphilosophie durchgeführt. Da sich Kant als protestantischer Denker nicht dazu durchringen konnte, die Diskrepanz zwischen Gesinnung und Handlung, zwischen Sein und Schein zu ignorieren, verabschiedet er sich von den empirischen Regeln der Lebenskunst. Sein der reinen Vernunft entspringender kategorischer Imperativ formuliert moralische Gebote als rein formale Sätze nach dem Prinzip der Verallgemeinerbarkeit.

Formalismus versus Eudämonismus

Anders als die teleologischen Ethiken der Tradition, die tugendhaftes Handeln aus der Eudämonie als dem absoluten Wert menschlichen Lebens ableiten, trennt Kant Moralität und Glück. Zwar räumt er ein, dass der Mensch notwendig nach Glück strebe, das Glück sei aber ein unbestimmter Begriff, aus dem sich keine allgemeingültigen moralischen Normen ableiten lassen. Er stellt daher dem Glück die »Glückswürdigkeit« gegenüber, die darin besteht, dass sich der Mensch in der Verfolgung seiner Ziele von seinen egoistischen Regungen trennt und auf die anderen Menschen Rücksicht nimmt. Die Rücksicht auf andere führt Kant aber nicht auf eine menschenfreundliche Neigung zurück, sondern er begründet das Sittengesetz mit der »praktischen« Vernunft. Darunter versteht Kant nicht die instrumentelle Vernunft, mit der man Aufgaben bewältigen kann, sondern die Form von Vernünftigkeit, die in der logischen Widerspruchsfreiheit liegt. Kant meint damit einen Maßstab gefunden zu haben, nach dem sich alle besonderen Handlungsregeln auf ihre Allgemeingültigkeit prüfen lassen. Das macht den Formalismus der kantischen Moral aus, der darin gipfelt, dass die Form der Vernünftigkeit von Handlungsregeln die Menschen auch dazu motivieren soll, ihnen zu folgen. Kant spricht von »Achtung vor dem Gesetz« als einer besonderen Art von innerer Evidenz, die subjektiven Schwankungen entzogen sein soll. Mit dieser Konstruktion gelingt es ihm, moralischen Normen die Form unbedingter, von besonderen Handlungszielen und Umständen unabhängiger Imperative zu geben. Das macht den Rigorismus der kantischen Ethik aus, der alle Regeln der Lebensklugheit dem Sollen des kategorischen Imperativs unterstellt, welcher unbedingten Gehorsam verlangt.

Kants Pflichtethik bringt gegenüber dem traditionellen Eudämonismus einen Gewinn, zeigt aber auch Defizite. Die Vorzüge sind allgemein bekannt und als solche auch anerkannt. Die universale und kategorische Geltung von Handlungsnormen schließt aus, dass Autoritäten, seien sie empirisch oder spirituell, Anspruch auf moralische Geltung erheben können. Entscheidend ist allein die Form der Vernünftigkeit, die Kant mit dem guten Willen gleichsetzt. Dieser kann bei allen Menschen vorausgesetzt werden, so dass Freiheit an die Bedingung der Gleichheit geknüpft ist. Damit bleibt der Einzelne das Referenzsubjekt für moralisches Handeln, womit die soziale Ausgrenzung von Menschengruppen, wie sie in der Antike praktiziert wurde, prinzipiell ausgeschlossen ist.

Mit dem Primat der Vernunft ist ein weiterer Fortschritt gegenüber der antiken Tugendethik verbunden. Diese ordnet das Wohl des Einzelnen dem Wohl der Gemeinschaft unter und leistet somit einem unpolitischen Quietismus Vorschub. Demgegenüber ist Kants Pflichtethik auf die Herstellung rechtlicher Zustände gerichtet. Der Einzelne darf sich zwar nicht aktiv den geltenden Gesetzen entgegenstellen, er darf also keinen politischen Umsturz planen, muss aber moralisch für Freiheit und

Rechtsgleichheit aller Menschen einstehen. Der kategorische Imperativ macht es zur moralischen Pflicht, sich einem Unrecht wenigstens geistig zu widersetzen. Insofern kann der kategorische Imperativ als Instanz der Rechtfertigung im Kampf gegen kollektives Unrecht gelten, und entsprechend haben sich Widerstandskämpfer in der NS-Zeit auf Kant berufen.

Als drittes positives Merkmal dieses Formalismus ist Kants Abwehr einer reinen Gefühlsethik zu nennen. Auch für Kant ist Moralität inneres Handeln, aber die Innerlichkeit liegt in rational begründeten Normen und nicht in unkontrollierbaren emotionalen Regungen. Gegenüber der aristotelischen Idee der Freundschaft mit sich selbst verhält sich Kant betont kritisch. Niemand könne sicher sein, aus uneigennützigen Motiven zu handeln: »Ich will aus Menschenliebe einräumen, dass noch die meisten unserer Handlungen pflichtmäßig seien; sieht man aber ihr Dichten und Trachten näher an, so stößt man allenthalben auf das liebe Selbst, was immer hervorsticht, worauf und nicht auf das strenge Gebot der Pflicht, welches mehrmalen Selbstverleugnung erfordern würde, sich ihre Absicht stützt. Man braucht auch eben kein Feind der Tugend, sondern nur ein kaltblütiger Beobachter zu sein, der den lebhaftesten Wunsch für das Gute nicht sofort für dessen Wirklichkeit hält, um (vornehmlich mit zunehmenden Jahren und einer durch Erfahrung teils gewitzten, teils zum Beobachten geschärften Urteilskraft) in gewissen Augenblicken zweifelhaft zu werden, ob auch wirklich in der Welt irgend wahre Tugend angetroffen werde«, heißt es in der *Grundlegung zur Metaphysik der Sitten* von 1785 (Akad. Ausg. IV, 407). Aus dieser Einsicht heraus kommt Kant zu der Überzeugung, dass wahre Moralität allein aus der »Vernunft für sich selbst und unabhängig von allen Erscheinungen« entstehen kann. In diesen Worten macht sich der Geist des Pietismus bemerkbar. Obwohl Kant das Gefühl als Prinzip der Moral zurückweist, bleibt für ihn die

Innerlichkeit der Ort, an dem sich entscheidet, ob der Mensch vor sich selbst bestehen kann oder nicht. Insofern ist Kants Ethik eine Gesinnungsethik. Aber das kann sie nur in dem Maße sein, wie Innerlichkeit nicht auf Gefühlen beruht, sondern auf reiner Vernunft, deren Gesetzgebung mit der Selbstbestimmung des Willens identisch ist.

Defizite der kantischen Vernunftethik

Den Fortschritten der kantischen Ethik stehen schwerwiegende Defizite gegenüber. Der Formalismus der praktischen Vernunft wurde immer schon als lebensfremd empfunden. Insbesondere ist zweifelhaft, ob die bloße Form der Gesetzlichkeit die Menschen zu moralischem Handeln motiviert. Denn primär sind es die Inhalte, an deren Realisierung dem Menschen gelegen ist. Kant dagegen betrachtet moralisches Handeln nicht als konkrete Tätigkeiten, sondern als Überprüfung von Maximen, d. h. subjektiven Grundsätzen des Handelns. Man kann sich zwar zur Regel machen, seinen Maximen zu folgen, aber das funktioniert erfahrungsgemäß nicht und führt logisch in einen infiniten Regress. Für die Befolgung der Maxime, nach Maximen zu handeln, bedürfte es wieder einer Maxime usw. Hier stößt der rationalistische Ansatz an seine Grenzen. Handlungsnormen werden erst zu handlungsleitenden Überzeugungen, wenn sie das Fühlen und Wollen der Menschen berühren, das ihren Bedürfnissen und Wünschen entspricht. Die Medien der Motivation sind daher nicht abstrakte Regeln für Einzelhandlungen, sondern eher Lebensbilder, von denen sich die Menschen in ihrem Tun leiten lassen. Bilder sind äußerst veränderungsresistent, und die Ethik bedarf einer besonderen Kunst der Auslegung, um an diese unbewussten Tiefenschichten der Motivation heranzukommen.

Die Defizite beschränken sich aber nicht allein auf die Probleme der Motivation, sondern erstrecken sich auch auf die Ableitung konkreter Pflichten aus dem kategorischen Imperativ. Seine verschiedenen Formeln in der *Grundlegung zur Metaphysik der Sitten* enthalten empirische Elemente, die Kant aus seiner formalen Begründung des Sollens eigentlich ausschalten will. Das betrifft insbesondere die Mensch-Zweck-Formel des kategorischen Imperativs: »Handle so, dass Du die Menschheit, sowohl in deiner Person als auch in der Person eines jeden anderen, jederzeit zugleich als Zweck, niemals bloß als Mittel brauchst.« (Akad. Ausg. IV, 429) Diese Formel lässt sich als neuzeitliche Transformation des stoischen Imperativs »Lebe naturgemäß!« interpretieren, der für die moderne Philosophie der Lebenskunst leitend geworden ist. Insofern überrascht es nicht, dass in der Formulierung inhaltlich bestimmter Pflichten die Tugendlehre in Form von sogenannten »Tugendpflichten« in das System der kantischen Ethik wieder einzieht.

Mit der Zurückweisung des Eudämonismus ist für Lebenskunst in der Ethik kein Platz mehr: »Denn wo das sittliche Gesetz spricht, da gibt es objektiv keine freie Wahl dessen, was zu tun ist.« (*Kritik der Urteilkraft*, § 5) Die kantische Ethik bedarf auch keiner Umsetzung ihrer Gebote, keiner Kunst der Anwendung, da die Gebote Gesetzescharakter haben und damit für sich selbst praktisch sein sollen. Kant war sich dieser Konsequenz durchaus bewusst. Er unterscheidet drei Grundformen der Praxis: Geschicklichkeit, Klugheit und Weisheit. Geschicklichkeit erfordere technische Regeln, Klugheit pragmatische Ratschläge und Weisheit moralische Gebote. Während in den eudämonistischen Ethiken alle drei Handlungsformen eine Einheit bilden, trennt Kant die Weisheit als Form der Vernünftigkeit von den empirischen Formen der Praxis ab. Terminologisch äußert sich dies darin, dass er »Weltklugheit«, die der Aufklärungsphilosoph

Christian Thomasius noch als Synonym für politische Klugheit gebraucht, auf »Privatklugheit« reduziert und deren populäre Darbietung als »ekelhaften Mischmasch von zusammengestoppelten Beobachtungen und halbvernünftelnden Prinzipien« zurückweist (*Grundlegung*, Akad. Ausg. IV, 409). Dagegen setzt er seine Vernunftethik als »reine praktische Weltweisheit« oder als »Metaphysik der Sitten« mit unbedingt verpflichtenden Prinzipien.

Durch die Spaltung der Moralphilosophie in einen apriorischen und einen empirischen Teil, die dem Dualismus von Sinnlichkeit und Vernunft entspricht, hat sich Kant den Blick dafür verbaut, dass im unvermeidlichen Streben nach Glück auch moralische Qualitäten enthalten sein können. Denn menschliches Wollen ist immer von einem Geltungsanspruch begleitet, der sich im Selbstwertgefühl des Menschen äußert. Glück besteht nicht in der unqualifizierten Erfüllung von Wünschen, sondern der Wille, der bekanntlich des Menschen Himmelreich ist, setzt voraus, dass hinter dem Wollen eine Überzeugung steht, wie es in der Welt zugehen sollte. Diese meist unausgesprochene Überzeugung ist aber nur dann etwas wert, wenn sie von anderen geteilt werden kann. Die Zustimmung anderer darf nicht erzwungen sein oder aus egoistischen Motiven erfolgen. Daher gehört Rücksichtnahme auf die freie Entscheidung der anderen zum menschlichen Glücksstreben. Das hat nichts mit Altruismus zu tun, sondern resultiert aus dem Bedürfnis nach Anerkennung der Person und ihres Weltbildes. Jeder Mensch will in einer Welt leben, in der er mit seinen Einschätzungen nicht allein steht. Dieser komplizierte und durchaus täuschungsanfällige psychische Mechanismus eröffnet ein weites Feld moralischer Wertungen. Sie machen eine Philosophie der Lebenskunst nötig, die über die rationale Normenbegründung hinausgeht.

Anthropologie als Weltkenntnis und Menschenkenntnis

Kants Formalismus der Ethik bedeutet freilich nicht, dass Klugheit und Lebenskunst ganz aus der praktischen Philosophie verschwunden wären. Sie tauchen in verwandelter Form als »Weltkenntnis« auf, wie es in der von Kant selbst 1798 edierten Vorlesung *Anthropologie in pragmatischer Hinsicht* heißt. (Akad. Ausg. VII, 120) Gegenstand der Anthropologie ist der Mensch in der sozialen Welt. Aus der Beschreibung der drei Vermögen des menschlichen Geistes – Erkennen, Fühlen und Wollen – gewinnt Kant Einsichten in das Verhalten des Menschen, die jeder braucht, der sich in der »sogenannten großen Welt« zurechtfinden und behaupten will. Weltkenntnis und Menschenkenntnis gehören also zusammen, wobei der Mensch nicht als Natur-, sondern als Kulturwesen betrachtet wird. Als Quellen der Menschenkenntnis nennt Kant die Teilnahme am gesellschaftlichen Leben, Reisen, Reisebeschreibungen und schließlich auch Schauspiele und Romane. Unter der Überschrift »Die anthropologische Charakteristik« behandelt Kant den Charakter der Person, des Geschlechts, des Volkes, der Rasse und schließlich der Menschengattung. Er hat dabei nicht die einzelnen Kulturen im Auge, sondern es geht ihm um Konstanten oder Typen sozialen Verhaltens, die heute Gegenstand einer »Kulturanthropologie« sind. In der Erschließung der verschiedenen Dimensionen menschlichen Verhaltens, unter Betonung der Differenz von Natur und Kultur, ist besonders hervorzuheben, dass Kant gegenüber der traditionellen Abwertung der Frau die Polarität der Geschlechter als Voraussetzung eines guten Zusammenlebens betrachtet: »Denn in der Gleichheit der Ansprüche zweier, die einander nicht entbehren können, bewirkt die Selbstliebe lauter Zank.« (Akad. Ausg. VII, 303)

In der Vorrede äußert sich Kant auch zu den methodischen Schwierigkeiten, mit denen eine Anthropologie als Kompendium der Weltklugheit konfrontiert ist, und er erwähnt das Paradoxon, auf das später die ethnologische Feldforschung gestoßen ist: »Die Welt kennen« und »Welt haben« lassen sich nicht zugleich realisieren. Dem außenstehenden Beobachter entgleitet die Lebenswirklichkeit, die nur den Mitspielern unmittelbar zugänglich ist, welche aber wegen zu großer Nähe keine Einsicht in ihr Treiben haben. Die Innen- und die Außenperspektive miteinander zu verbinden unterscheidet die Anthropologie in pragmatischer Hinsicht von einer reinen Naturgeschichte.

Im Unterschied zur Ethik, die Handlungsnormen aus Vernunftprinzipien ableitet, verfährt die Anthropologie als empirisches Gegenstück eher beschreibend. Allerdings bleibt Kant bei der Beschreibung nicht stehen. Er unterscheidet »physiologische Menschenkenntnis« als Erforschung dessen, »was die Natur aus den Menschen macht«, von pragmatischer Menschenkenntnis, die auf das abzielt, »was er als frei handelndes Wesen aus sich selber macht, oder machen kann und soll« (Akad. Ausg. VII, 119). Die Formulierung »machen kann und soll« verweist auf die Schwierigkeit der Vernunftethik, die darin liegt, dass moralisches Sollen an die Grenzen menschlichen Könnens stößt. Kant vertritt die These, dass der kategorische Imperativ vom Menschen nur das fordere, was in seiner Macht steht. Dieser müsse nur bereit sein, seinen aus der sinnlichen Natur resultierenden »Hang zum Bösen« zu überwinden. Ob das freilich prinzipiell immer möglich ist, bleibe dahingestellt. Jedenfalls nimmt Kants Pflichtethik keine Rücksicht auf mögliche Konflikte der Betroffenen. Wenn konfligierende Maximen nicht in einer höherstufigen Maxime aufgehoben werden können, ist angesichts der drängenden Zeit ein Kompromiss unausweichlich. Dafür aber hat Kant kein Rezept parat. Die oft zu beobachtende Spannung von Sollen und

Können wird geradezu brutal zugunsten des Sollens aufgelöst. Die Anthropologie federt zwar die Absolutheit der moralischen Forderungen ab, aber sie vermag eine mögliche Selbstentfremdung des Handelnden durch den kategorischen Imperativ nicht aufzuheben.

So unerbittlich Kant in seiner Forderung nach innerer Aufrichtigkeit des Einzelnen auch ist, im gesellschaftlichen Umgang erkennt er die Unentbehrlichkeit des Scheins an: »Alle menschliche Tugend im Verkehr ist Scheidemünze; ein Kind ist der, welcher sie für echtes Gold nimmt. Es ist doch aber besser, Scheidemünze, als gar kein solches Mittel im Umlauf zu haben, und endlich kann es doch, wenngleich mit ansehnlichem Verlust, in bares Gold umgesetzt werden. Sie für lauter Spielmarken, die gar keinen Wert haben, auszugeben [...] um ja zu verhindern, dass irgend jemand an die Tugend glaube, ist ein an der Menschheit verübter Hochverrat. Selbst der Schein des Guten an Anderen muss uns wert sein: weil aus diesem Spiel mit Verstellungen, welche Achtung erwerben, ohne sie vielleicht zu verdienen, endlich wohl Ernst werden kann.« (Akad. Ausg. VII, 152f.) Trotz aller Kritik an der Unaufrichtigkeit betont Kant doch die Notwendigkeit gesellschaftlicher Umgangsformen als unverzichtbare Hilfen zur Ausbildung einer moralischen Gesinnung. So ergänzt er die Gesinnung durch die Haltung, auch wenn diese wie bei den Moralisten zunächst nur äußerlich auf die Wahrung des Scheins gerichtet ist. Es ist daher durchaus berechtigt, mit Caroline Sommerfeld-Lethen von Kants »moralistischer Ethik« zu sprechen.

Die Unhintergehbarkeit der pragmatischen Anthropologie

Die Spannung zwischen Vernunftethik und Anthropologie hat Kant durch eine geschichtsphilosophische Perspektive aufzulösen versucht. In seiner kurzen Schrift *Idee zu einer allgemeinen Geschichte in weltbürgerlicher Absicht* (1784) unterscheidet er drei Phasen in der Entwicklung des Menschen: Kultur, Zivilisation und Moral. Der Mensch ist von Anfang an ein Kulturwesen, zu dem die Idee der Moralität immer schon gehört. Allerdings erfolgt die Realisierung dieser Idee nicht automatisch. Sie bedarf des Prozesses der Zivilisierung, die dem Menschen gesellschaftliche Umgangsformen beibringt. Die Stufe der Zivilisierung birgt aber die Gefahr in sich, dass der Mensch in rein äußerlichen und opportunistischen Umgangsformen verharrt. In diesem Punkt stimmt Kant Rousseaus Gesellschaftskritik zu, die den natürlichen Menschen dem überfeinerten Gesellschaftswesen vorzog. Über Rousseau hinausgehend ist Kant der Meinung, dass der Mensch durch die Verinnerlichung der zivilen Umgangsformen auf die Stufe der Moralisierung gelangen kann. Das aber hält er nur für möglich, wenn die staatliche Ordnung so beschaffen ist, dass moralische Erziehung das gesellschaftliche Leben bestimmt.

Auf diese Weise führt Kant die pragmatische Anthropologie in die politische Philosophie über. Allerdings ist er realistisch genug, um zu erkennen, dass die politische Verfassung nie zu einer definitiven Moralisierung der Menschen führen wird. »Aus so krummem Holze, als woraus der Mensch gemacht ist, kann nichts ganz Gerades gezimmert werden« – dieses pessimistische Menschenbild macht es wahrscheinlich, dass die Lebenskunst immer gebraucht wird, um die Menschheit auf den Weg der Tugend zu führen. Folgerichtig handelt der zweite Teil der *Anthropologie* »Von der Art, das Innere des Menschen aus dem Äußeren zu erkennen«. Später hat der Positivismus aus dieser Einstellung die

Maxime des moralischen Externalismus formuliert: »Das Innere nach dem Äußeren richten« (Auguste Comte).

In diesem Sinne ist Kants Lebenskunst objektivistisch, denn sie erfolgt aus der Distanz des Beobachters, die sich auch der Handelnde zu eigen machen soll. Obwohl Kant die »Vereinigung des Wohllebens mit der Tugend im Umgange« als Ideal der Humanität versteht, verbindet sich seine Weltklugheit nicht wirklich mit dem Standpunkt der ersten Person. Seine pragmatische Anthropologie reicht daher auch nicht an die moderne philosophische Anthropologie heran, die den Menschen als »exzentrisches Wesen« beschreibt und damit der Philosophie der Lebenskunst eine tiefere Sinndimension verleiht. So bleibt Kants Moralistik letztlich doch arm an Lebensweisheit. Seine Verhaltensregeln werden der Paradoxie der menschlichen Subjektivität, Subjektsein für die Welt und zugleich Objektsein in der Welt, nicht gerecht.

Antworten auf Kant

Die unübersehbaren Schwierigkeiten der kantischen Moralphilosophie ließen sich nicht durch eine Rückkehr zur antiken Tugendethik beheben. Als Vollender der Aufklärung hat Kant durch seinen Formalismus die Teleologie der Tugendethik endgültig gesprengt. Dazu hat auch seine Trennung von Moral und Recht wesentlich beigetragen. Das bedeutet freilich nicht, dass sein Formalismus das letzte Wort in der Ethik darstellt. Vielmehr lässt sich feststellen, dass Kants Trennung von innerem und äußerem Handeln eine Problemkonstellation aufgebaut hat, an deren Lösung sich die nachkantische Ethik bis heute abarbeitet. Dafür ist die Suche nach einem integralen Subjekt leitend, was in der Romantik zu einer Rehabilitierung des Eudämonismus führte. Während Kant den Willen auf die Form allgemeiner Gesetzlichkeit reduziert, findet der romantische Wille seine Erfüllung in einer Intensivierung des Lebensgefühls, das den Eigenwert des Individuums ausmacht.

Die Antwort der Romantik auf Kants Formalismus kam nicht von den Philosophen, sondern von den Psychologen. Das zeigt ein Vergleich von Kants Anthropologie-Vorlesung mit dem *Magazin zur Erfahrungsseelenkunde* (1783) von Karl Philipp Moritz. Das gemeinsame Ziel beider ist die Persönlichkeitsbildung, die Kant auf dem Wege der Welterkundung, Moritz auf dem Wege der Selbsterforschung zu erreichen sucht. Hier überkreuzen sich Aufklärung und Pietismus auf der Suche nach einem Begriff von Individualität, der die subjektive und objektive Dimension der Erfahrung verbindet. Das Problem, das die Psychologie der inneren Erfahrung lösen möchte, hat Kant in seiner *Grundlegung zur Metaphysik der Sitten* bei der Behandlung des Glücksbegriffs so formuliert, dass es vollkommen unmöglich sei, sich einen bestimmten Begriff davon zu machen, was der Mensch »hier eigentlich wolle« (Akad. Ausg. IV, 418). Der antike Eudämonismus hatte diesbezüglich keine Probleme, da die Tugendhaftigkeit als dasjenige angesehen wurde, was dem Tugendhaften als gut erscheint. So war klar, was mit der Aufforderung, mit sich selbst befreundet zu sein, gemeint war. Aber diese Klarheit hat Kant endgültig als Schein entlarvt.

Das romantische Selbstwertgefühl verlangt nach einer hermeneutischen Vernunft, welche die innere Zerrissenheit des Menschen aufhebt und das Individuum mit sich selbst und damit auch mit den anderen versöhnt. Wie schwer die Versöhnung einem Individuum fällt, das mit sich selbst im immerwährenden Kampf zwischen Traum und Wirklichkeit steht, belegt der 1785 erschienene psychologische Roman *Anton Reiser* von Karl Philipp Moritz. Diese aus tiefer Einfühlung geschriebene Selbstbiografie schildert Reiser als einen Menschen in permanenter, unauflösbarer Spannung: »Widerspruch von außen und von innen war bis dahin sein ganzes Leben. – Es kömmt darauf an, wie diese Widersprüche sich lösen werden!« (332). Die Lösbarkeit der Widersprüche ist das große Problem für die Psychologie der nachkantischen Lebenskunst, die das 19. Jahrhundert beschäftigen wird.

5. Moralpsychologie und Lebenskunstlehre im 19. Jahrhundert

Kants ethischer Formalismus, der auf eine Spaltung des Menschen in ein Sinnes- und ein Vernunftwesen hinausläuft, hat für die Ethik eine Situation geschaffen, die in nachkantischer Zeit nur durch einen Paradigmenwechsel behoben werden konnte. Der Gegensatz von empirischer Moralistik und reiner Moralphilosophie oder Metaphysik der Sitten ließ sich nicht mehr als Problem der Anwendung lösen. Die Frage, wie abstrakte Gesetze, die auf die besondere Situation des Handelnden keine Rücksicht nehmen, diesen motivieren sollen, musste offenbleiben. So haben sich im 19. Jahrhundert Systeme der Moralphilosophie gebildet, die bei unserer Darstellung der historischen Entwicklung philosophischer Lebenskunst nicht übergangen werden dürfen, weil sie auch in der gegenwärtigen Diskussion um die Alternative »Klugheit oder Moralität« eine Rolle spielen.

Sittlichkeit als bürgerliche Lebensform

In Deutschland war es insbesondere Joachim Ritter (1903–1974), der die Tugendethik der antiken Polis an die bürgerliche Gesellschaft anschließen wollte. Der Deutsche Idealismus galt Ritter als zukunftsweisender Versuch, den Dualismus von Sinnlichkeit und Vernunft durch einen Begriff von materialer Sittlichkeit aufzuheben, in dem Individuum und Gesellschaft versöhnt sind. Hegel hat im Kontext seiner *Phänomenologie des Geistes* (1807) eine integrale Form der Subjektivität entwickelt, in der Freiheit als »Bei-sich-selbst-sein« das Individuum den Gesetzen der bürgerlichen Gesellschaft ein- und unterordnet. Damit wendet sich Hegel gegen den abstrakten Individualismus der Aufklärung, aber auch gegen die gefühlsbetonte Schwärmerei der Romantiker. Diese doppelte Frontstellung führt ihn weit weg von der aphoristischen Lebenskunst seiner Zeit. Das Aufkommen der modernen industriellen Gesellschaft und der politischen Ökonomie des Liberalismus erfordert ein neues gesellschaftliches Bewusstsein, das den Subjektivismus der Lebenskunst sprengt. Subjektivität und Individualität bindet Hegel durch seinen Begriff des Geistes in eine Systematik ein, die der Individualethik keinen Raum lässt. Persönliches Glück und die Entfaltung individueller Besonderheiten sind auf wechselseitige Anerkennung der Menschen im gesellschaftlichen Prozess angewiesen. In Hegels bürgerlicher Gesellschaft gilt das, was später der Hegelianer Friedrich Theodor Vischer (1807 – 1887) formuliert hat: »Das Moralische versteht sich von selbst.«

Der Begriff der Sittlichkeit, den Hegel dem kantischen Rigorismus entgegensetzt, führt inneres und äußeres Handeln, Moral und Recht wieder enger zusammen, erreicht aber nicht mehr ihre griechische Geschlossenheit, auch wenn nostalgische Verklärungen der Antike nicht fehlen. Hegel nimmt den protestantischen Begriff christlicher Freiheit in seine Bestimmung der Subjektivität auf und versucht damit, die Idee der modernen Gesellschaft zu retten, deren Entzweiung Hegel wie kein anderer erkannt und analysiert hat. Mit der Aufdeckung der Dialektik von Herr und Knecht kommt eine neue zwischenmenschliche Dimension in die Moralphilosophie, die den Rahmen der hellenistischen Selbstsorge sprengt. Dass die kommunitaristische Position eine tragfähige Alternative zum Liberalismus bieten könnte, wird durch die derzeitige Philosophie der Lebenskunst allerdings nicht bestätigt.

Utilitarismus oder die Kunst der Folgenabschätzung

Auch die englische Ethik des 19. Jahrhunderts, der Utilitarismus, bietet gegenüber Kants Formalismus eine soziale Begründung moralischer Normen. John Stuart Mill (1806–1873) versucht, durch Unterscheidung verschiedener Arten der Lust moralische Verpflichtung aus dem Streben nach Glück abzuleiten. Entgegen manchen Fehlinterpretationen opfert Mill das individuelle Glück keineswegs dem Glück der größten Zahl, sondern er ist davon überzeugt, dass sich individuelles und allgemeines Glück versöhnen lassen. Die Konvergenz von Eigeninteresse und Allgemeinwohl wird möglich, indem die Gemeinschaft – anders als in der griechischen Polis – dem Individuum nicht vorgeordnet ist.

John Stuart Mill geht von der durch den wirtschaftlichen Liberalismus geprägten bürgerlichen Gesellschaft aus, deren ökonomische Gesetze die Anerkennung individueller Wünsche und Besonderheiten begünstigen. Der Markt gestattet eine flächendeckende Individualisierung der Bedürfnisbefriedigung, womit die Entzweiung von Individuum und Gesellschaft aufgehoben wird. Auch aus der utilitaristischen Ethik bekommt die auf das individuelle Leben ausgerichtete Lebenskunst neue Impulse, die über die Phronesis der antiken Tugendethik hinausführen.

Weltveränderung statt Weltweisheit

Ähnlich verhält es sich mit den Linkshegelianern, obwohl es auf den ersten Blick so aussieht, als sei hier kein Platz für eine Philosophie der Lebenskunst. Immerhin hält Karl Marx (1818–1883) am Prinzip der Individualität fest. Er möchte das »persönliche« gegenüber dem »zufälligen Individuum« retten, sieht die Rettung aber nur in der Zerstörung des kapitalistischen Systems. Allein die klassenlose Gesellschaft, so Marx, schaffe die Bedingungen dafür, dass die Entfremdung zwischen den Menschen aufgehoben und dem Individuum die allseitige Entwicklung seiner eigenen Anlagen ermöglicht wird. Der Individualismus ist hier also an eine zukünftige Gesellschaftsform gebunden, deren Herbeiführung vom Einzelnen klassenkämpferisches Engagement erfordert. Also keine Lebenskunst als apolitische Verwirklichung persönlichen Glücks, wohl aber allseitige Bedürfnisbefriedigung durch Erziehung zum »neuen Menschen«.

Psychologie und Pädagogik

Die verschiedenen Systeme der Ethik lassen erkennen, dass das Anliegen der Lebenskunst, nämlich den Individuen Techniken zu vermitteln, ihr Leben gut zu gestalten, keineswegs ganz aufgegeben worden ist. Zunächst ist es allerdings nicht mehr primär die Philosophie, sondern die Psychologie, die im 19. Jahrhundert die Stelle der Moralphilosophie einnimmt. Prominentester Vertreter dieser Entwicklung ist Johann Friedrich Herbart, der 1808 Kants Lehrstuhl in Königsberg übernahm. Herbarts wissenschaftliche Psychologie ist stark intellektualistisch ausgerichtet, denn die Funktionen des Bewusstseins beruhen ihr zufolge auf mechanistischen Gesetzen der Verknüpfung von Vorstellungen. Auf dieser Grundlage baut Herbart seine Pädagogik auf, die das Erziehungswesen in der ersten Hälfte des 19. Jahrhunderts geprägt hat. Hier steht die Vermittlung von Wissen und Können im Vordergrund, so dass für die individuelle Entwicklung und Selbstentfaltung des Kindes wenig Raum bleibt. Aber immerhin wird die Pädagogik als »Kunstlehre« der Ethik an die Seite gestellt, womit die Idee der Lebenskunst auch im Jahrhundert der Wissenschaften lebendig bleibt.

Unter diesen Voraussetzungen verwundert es nicht, dass die aus der Romantik gespeiste Psychologie von Carl Gustav Carus (1789–1869) den Boden für eine neue, lebensphilosophisch ausgerichtete Tradition der Lebenskunst bereitet hat. Im Anschluss an Goethe entwickelt Carus eine morphologische Psychologie, welche die emotionale Erfahrung als Quelle intuitiver Erkenntnis anerkennt. Auf der Grundlage der Intuition entwickelt Carus 1863 das Programm einer philosophischen Lebenskunst: *Die Lebenskunst nach den Inschriften des Tempels zu Delphi.* Für Carus dient Lebenskunst der Verwirklichung des einen Ziels, das Philosophie und Psychologie gemeinsam haben: »Selbstverständigung und Selbstorientierung im All«. Der naturphilosophische Rahmen mit seiner ausgeprägt organizistischen Begrifflichkeit hat die Wirkung von Carus eingeschränkt, so dass seine Psychologie und insbesondere seine Lebenskunstlehre heute fast nur noch in der Wissenschaftsgeschichte Beachtung finden. Aber Carus steht für eine spätromantische Unterströmung, die in der zweiten Hälfte des 19. Jahrhunderts mit der Lebensphilosophie an die Oberfläche getreten ist.

Die Einordnung des Individuums in die Gemeinschaft prägt alle Formen der Ethik im 19. Jahrhundert. Mitverantwortlich dafür ist der seit der Jahrhundertmitte aufsteigende Begriff des Wertes, der für die gesellschaftliche Objektivierung subjektiver Wünsche und Empfindungen steht. Im Wert als ethischem Grundbegriff verbinden sich ökonomische mit moralischen Gesetzen zu einer Öffentlichkeit, deren Macht die Entfaltungsmöglichkeiten des Individuums einengt. Der Druck gesellschaftlicher Wertethiken wird in der zweiten Hälfte des 19. Jahrhunderts so stark, dass ein Rückzug der Subjektivität in Tagebücher und private

Briefe zu beobachten ist. Man kann hier geradezu von einer Nische sprechen, in die sich die Lebenskunst zwischenzeitlich zurückgezogen hat.

Schopenhauer: Leben als Leiden

Für die lebensphilosophische Transformation der Ethik in eine Philosophie der Lebenskunst, deren Wurzeln in die Romantik zurückreichen, deren Popularität aber in die zweite Hälfte des 19. Jahrhunderts fällt, steht Arthur Schopenhauer (1788-1860). Seine 1851 erschienenen Aphorismen zur Lebensweisheit haben Schopenhauer für eine ganze Generation zum »Erzieher« gemacht, wie sich Friedrich Nietzsche in der dritten seiner *Unzeitgemäßen Betrachtungen* ausdrückt. Schopenhauers Aphorismen sind im Rahmen seiner gesamten Philosophie zu bewerten. Ihren Kern bildet die These, dass menschliches Selbstbewusstsein nicht von der Vernunft, sondern vom unbewussten Willen zum Leben geleitet wird. Der Wille zum Leben ist die Instanz, die allen Vorstellungen, die für sich genommen den Menschen kalt lassen, gefühlte Bedeutung verleiht. Als Wille dagegen berührt und motiviert die Welt den Menschen, sie gibt ihm allerdings nicht mehr die Sicherheit einer prästabilierten Harmonie. Der allen Wesen gemeinsame Willensdrang macht das Leben zum Leiden, da die Erfüllung der Wünsche immer enttäuschend ist. Glück kann der Mensch nach Schopenhauer daher nur erreichen, wenn er seinem Lebensdrang entsagt. In der Entsagung, die Schopenhauer »Verneinung des Willens zum Leben« nennt, gibt der Mensch seine Individualität auf und geht in einen Zustand des Einsseins mit allen Kreaturen über, der dem buddhistischen Nirwana entspricht. Der Weg der Entsagung, wie ihn buddhistische Weisheitslehren empfehlen, führt moralpsychologisch zum Mitleid als demjenigen Gefühl, das die Menschen im Leiden miteinander verbindet.

Wie immer es mit der argumentativen Konsistenz der Willensmetaphysik auch bestellt sein mag, eines ist unbestreitbar: Gegenüber Kants Konzept eines reinen Willens als Quelle der Moral hat Schopenhauers Willensbegriff zu einer neuen Form moralphilosophischer Evidenz geführt. Seine gesamte Philosophie begreift Schopenhauer als Lebensklugheit, die der Perspektive der ersten Person gerecht wird. Das ist etwas anderes als Kants »Primat der praktischen Vernunft«. Während Kant in seiner Philosophie von sich selbst schweigt, bleibt Schopenhauers Denken auf seine Person bezogen. Auch und besonders in der Moral spricht er selbst dort, wo es um allgemeine Werte geht, immer nur – wie schon Montaigne – von sich selbst. In der Ethik will er keine Vorschriften machen; und an die Stelle des Sollens setzt er Beschreibungen der *conditio humana* aus der subjektiven Perspektive. Das Geworfensein in eine feindliche Welt mache es erforderlich, auf der Bühne des Lebens ein Doppelleben von Akteur und Zuschauer zu führen. Das existenzielle Selbstverhältnis bekommt eine Evidenz, die zu emotional grundierten Wertungen führt.

Schopenhauer ist zu sehr Kantianer, als dass er bei aller Betonung emotionaler Evidenz nicht doch nach einer allgemeinen Form von Selbstverständnis gesucht hätte, auf der moralische Wertungen basieren. Es bedürfe besonderer hermeneutischer Kompetenzen, um an die begrifflich unhintergehbare Evidenz des Willens zum Leben heranzukommen. Die Äußerungen des eigenen Leibes interpretiert Schopenhauer als »Sichtbarkeit der einzelnen Willensakte«, die von Motiven ausgelöst werden. Die Motive aber bleiben dem Willen äußerlich, sie bestimmen nur den Zeitpunkt seines Erscheinens, »nicht aber, dass ich überhaupt will, noch was ich überhaupt will, d. h. die Maxime, welche mein gesamtes Wollen charakterisiert«, heißt es in *Die Welt als Wille und Vorstellung* (Werke Bd. I, 165). Den Weg des Heils sieht Schopenhauer deshalb darin, »dass der Wille ungehindert erscheine, um in dieser Erscheinung sein eigenes Wesen erkennen zu können. Nur infolge dieser Erkenntnis kann der Wille sich selbst aufheben und damit auch das Leiden, welches von seiner Erscheinung unzertrennlich ist, endigen.« (I, 544) Damit ist der begriffliche Rahmen festgelegt, in dem sich ein neues, postmoralistisches Paradigma philosophischer Lebenskunst gebildet hat, das die Moralistik weit hinter sich lässt. Entscheidend ist die Beziehung auf die Selbsterfahrung, aus der alle normativen Aussagen resultieren und auf die sie ihrerseits hinführen. Das ist Schopenhauers lebensphilosophische Übersetzung von Hegels Freiheit als »Bei-sich-selbst-sein« des Subjekts.

Lebensphilosophische Rückkehr zur Lebensweisheit

In seinen *Aphorismen zur Lebensweisheit* lässt sich Schopenhauer von der stoischen Idee leiten, dass der Mensch nur dann ein einigermaßen glückliches Leben führen kann, wenn er sich von Gütern und Ereignissen unabhängig macht, die nicht in seiner Verfügungsgewalt stehen. Das Programm der Lebensweisheit, Anweisung zu einem glücklichen Dasein zu geben, widerspricht Schopenhauers metaphysisch-ethischer Grundüberzeugung vom Leben als Leiden, dem der Mensch nur durch Verneinung des Willens zum Leben entgehen kann. Da nur die wenigsten zu diesem Schritt fähig sind, muss sich der gewöhnliche Mensch im leidvollen Dasein so gut einrichten, wie er kann. Schopenhauer stellt die Abweichung seiner *Aphorismen* von seinem Nirwana-Programm ausdrücklich heraus und nennt seine »Eudämonologie« einen Kompromiss von nur bedingtem ethischen Wert.

Gerade dieses reduktionistische Programm ist es, das Schopenhauers Weltanschauung einem großen Publikum bekannt gemacht hat. So sind seine *Aphorismen zur Lebensweisheit* bis zum Ersten Weltkrieg zum Lieblingsbuch des deutschen Bildungsbürgertums geworden. Das ist mentalitätsgeschichtlich freilich kein Zufall, sondern entspricht der realistischen, geradezu materialistischen Grundeinstellung, die das späte 19. Jahrhundert vom Idealismus trennt. Auf einem idealistischen Hintergrund, der die Welt im Ganzen als vernünftig und sinnvoll ansieht, dient Lebenskunst gleichsam nur als eine Art Reparaturanleitung und Trostpflaster für vorübergehende Schwierigkeiten und zufällige Unglücke. Bei Schopenhauer verhält es sich genau umgekehrt. Die Zuversicht in die Vernünftigkeit des Wirklichen ist geschwunden, und Lebensweisheit besteht darin, aller Sinnlosigkeit zum Trotz aus eigenen Kräften das Leben zu bestehen. Diesen Heroismus der Illusionslosigkeit, ja der Verzweiflung, hat Rainer Maria Rilke in dem Satz zusammengefasst: »Wer spricht von Siegen, Überstehn ist alles.«

Wenn man heute Schopenhauers *Aphorismen zur Lebensweisheit* zur Hand nimmt, so wirkt vieles zeitgebunden und anachronistisch, und so kann es auch nicht verwundern, dass dieser Text im akademischen Betrieb kaum mehr Beachtung findet. Aber zu Unrecht. Denn wie kaum eine andere Philosophie der Lebenskunst macht Schopenhauers Text die inneren Widersprüche sichtbar, die nicht nur aus seiner eigenen Philosophie resultieren, sondern jeder modernen Philosophie der Lebenskunst wesentlich anhaften. Von Schopenhauer kann man lernen, wie ambivalent sich das Verhältnis von Theorie und Praxis, von deskriptiver und normativer Aussage in der Ethik ausnimmt. Daher ist es lohnenswert, sich den Text in seinen Grundzügen vor Augen zu führen (Werke, Bd. 4, 371-580).

Für das irdische Glück nennt Schopenhauer drei Quellen: das eigene Wesen, den Besitz und das Ansehen. Am bedeutsamsten für das Glück ist die erste Quelle, also das, was einer ist, denn darin ist der Mensch von anderen unabhängig. Den höchsten Grad an Glück erreichen wir, wenn wir mit uns selbst in Übereinstimmung leben – entsprechend der Maxime Goethes: »Werde, der du bist!« Schopenhauer spricht auch von Selbstgenuss, der sich, im Sinne von Selbstgenügsamkeit, einstellt, sobald man seine Ansprüche auf ein Maß reduziert, das den eigenen Fähigkeiten entspricht. Dabei kommt es für Schopenhauer vor allem auf die geistigen Fähigkeiten an. Denn diese sind nicht nur von äußeren Umständen weitgehend unabhängig, sondern sie sind das einzige Mittel, dem Leiden der Langeweile zu entgehen. Außerdem lassen sich geistige Fähigkeiten so verfeinern, dass ihre Genüsse das höchste im Leben erreichbare Glück darstellen.

Diese Auffassung vom Glück des Selbstseins steht in eigentümlichem Kontrast zu Schopenhauers Depotenzierung der Individualität als Schein, der nur durch Entsagung und Verneinung des Willens zum Leben durchbrochen werden kann. Solange freilich dieser Zustand nicht erreicht ist, bleibt der Mensch in seiner Individualität gefangen. Im starren Gehäuse des individuellen Charakters richtet man sich am besten dadurch ein, dass man sich um Selbsterkenntnis bemüht. Was der Erkennende sieht, die Blindheit und innere Zerrissenheit des Willens zum Leben, ist kein erhebender Anblick, aber noch das beste MIttel, die unüberwindliche Macht des Willens erträglich zu machen. Niemand kann seinen Charakter verändern, aber die Einsicht entschädigt für die Fesselung und erhebt den Erkennenden über die Masse der im Leben blind Verstrickten. Lebenskunst besteht demnach in einer rein intellektuellen Praxis, nämlich in der Einübung eines Bewusstseinszustands unerschütterlicher Klarsicht, die den blinden Willen durch Selbsterkenntnis »aufhebt«.

Die zweite Quelle des Glücks, »Was einer vorstellt«, hält Schopenhauer zwar für weniger bedeutend als die erste, schätzt sie aber keineswegs gering ein. Denn er weiß natürlich, dass Anerkennung und Bewunderung durch andere ein hohes Maß an Befriedigung bringen. Die Gefahr liegt natürlich in der Abhängigkeit von der Meinung anderer, die sich der eigenen Einflussnahme weitgehend entzieht. Da Schopenhauer das Individuum über die Gesellschaft stellt, unterzieht er die verschiedenen Formen der Ehre und des Ruhms einer ausführlichen Kritik. Aber auch hier gerät er in einen gewissen Widerspruch zu seiner Metaphysik des Willens. Der Wille will erscheinen, und dafür braucht er ein Publikum, das seinen individuellen Erscheinungsformen zustimmt. Auch hier hilft sich Schopenhauer mit der Denkfigur der Aufhebung. Niemand kann auf Anerkennung verzichten. Da sich diese aber nicht erzwingen lässt, tut man gut daran, sich selbst anzuerkennen, ja sogar zu bewundern. Wenn dabei Selbsttäuschung auch nicht zu vermeiden ist, das Glück sieht Schopenhauer in der intellektuellen und charakterlichen Stärke, gegen den Strom der öffentlichen Meinung zu schwimmen. Es ist klar, dass Schopenhauer mit dieser elitären Einstellung ein Bild seines eigenen intellektuellen Lebenswegs zeichnet, der ihm erst im Alter die Gunst des Publikums eingebracht hat.

Die dritte Quelle des Glücks, der Besitz, wird von Schopenhauer am geringsten eingeschätzt, weil hier die Gefahr der Abhängigkeit am größten sei. Das allerdings schließt nicht aus, dass Schopenhauer das Geld allein als das absolut Gute betrachtet: »weil es nicht bloß einem Bedürfnis in concreto begegnet, sondern dem Bedürfnis überhaupt, in abstracto« (Bd. 4, 410).

Schopenhauers Eudämonologie, die Anweisung, das Leben möglichst angenehm und glücklich zu führen, bleibt durchgehend relativ, um nicht zu sagen ambivalent. Denn gemäß seiner Definition des Lebens als Leiden ist Glück immer negativ, nur der Schmerz ist positiv. Daher besteht das höchste wirkliche Glück, das der Mensch im Leben erreichen kann, in einem schmerzlosen Zustand. Dieser aber setzt voraus, seine Wünsche in den Grenzen des Erreichbaren zu halten. Das ist nur möglich, wenn es gelingt, die Fantasie, die uns zukünftige oder vergangene Paradiese vorspiegelt, zu zügeln. Nur auf diese Weise lassen sich unvermeidbare Enttäuschungen in Grenzen halten. Wo allein die Gegenwart zählt, verfehlt der Mensch das Glück, wenn er zu sehr in der Zukunft oder in der Vergangenheit lebt. Damit spielt die Zeitlichkeit für die Lebenskunst eine bedeutende Rolle, insbesondere die angemessene Beachtung der Lebensphasen. Schopenhauer kontrastiert die Jugend mit dem Alter: Die Jugend lebe in einem permanenten Wahn, erst das Alter erkenne die Eitelkeit aller Dinge. Dass Schopenhauer mit dieser Gewichtung von Erkenntnisfähigkeit richtig liegt, darf allerdings bezweifelt werden. Sicherlich betrachtet das Alter die Welt anders als die Jugend, aber beide Sichtweisen haben doch ihren Wert. Auch Schopenhauers Auffassung von der Negativität des Glücks als einem vergänglichen Wahn bedarf der Korrektur. Denn es gibt durchaus das Glück der Tätigkeit, welches durch das Resultat, und sei es noch so enttäuschend, nicht aufgehoben wird.

Schopenhauer selbst sind diese Einschränkungen nicht entgangen. Seine *Aphorismen zur Lebensweisheit* haben durchgängig den Charakter eines Kompromisses zwischen Weltverneinung und Weltvertrauen. Aktivität und Selbsterhaltung kämpfen und halten sich die Waage mit Passivität und Selbstaufgabe. So kann der Mensch nach Schopenhauer sein Doppelleben als Akteur und Zuschauer seines eigenen Daseins genießen. Diese Ambivalenz spiegelt das Doppelgesicht des ausgehenden 19. Jahrhunderts, der Gründerzeit mit ihrem Fortschrittsglauben und ihren Zweifeln an der dauerhaften Sicherung irdischen Glücks.

Nietzsche: Leben als Kunstwerk

Schopenhauers Programm der Lebenskunst hat ihre unerwartete Wendung in den Schriften Friedrich Nietzsches (1844–1900) gefunden. Nietzsche transformiert Schopenhauers »Willen zum Leben« in den »Willen zur Macht« und setzt damit die Selbstbehauptung absolut. Nicht durch Vergleichung mit anderen, sondern allein aus sich selbst heraus könne der Mensch sein Leben sinnvoll gestalten. Allerdings sind dem Glücksstreben Grenzen gesetzt, zumal Selbsterkenntnis sich als höchst täuschungsanfällig erweist. Hier kommt Nietzsches Moralpsychologie zum Tragen, die im Anschluss an die französischen Moralisten eine Psychologie der Entlarvung genannt werden kann. Das Resultat ist die Umwertung aller Werte, die theoretisch wie moralisch im Relativismus und Nihilismus gipfelt. So bleibt auch Nietzsches Wille zur Macht eigentümlich zwiespältig: Sein Optimismus wird die Negativität von Schopenhauers Glücksbegriff nicht los, gegen die er sich auflehnt. Die Botschaft Schopenhauers beschreibt Nietzsche so: »Er lehrt uns zwischen den wirklichen und scheinbaren Beförderungen des Menschenglücks unterscheiden: wie weder Reichwerden, noch Geehrtsein, noch Gelehrtsein den Einzelnen aus seiner tiefen Verdrossenheit über den Unwert seines Daseins herausheben kann und wie das Streben nach diesen Gütern nur Sinn durch ein hohes und verklärendes Gesamtziel bekommt: Macht zu gewinnen, um durch sie der Physis nachzuhelfen und ein wenig Corrector ihrer Torheiten und Ungeschicklichkeiten zu sein. Zunächst zwar auch nur für sich selbst; durch sich aber endlich für alle. Es ist freilich ein Streben, welches tief und herzlich zur Resignation hinleitet: denn was und wie viel kann überhaupt noch verbessert werden, am Einzelnen und am Allgemeinen!« (KSA Bd. 1, 357)

Wie Schopenhauer ist auch Nietzsche davon überzeugt, dass erst vom Standpunkt des Lebens das »Land der Moral« in den Blick kommt, das Land der »wirklich gelebten Moral«, wie es in der Vorrede zur *Genealogie der Moral* heißt. Die Moral unter der Optik des Lebens zu betrachten kommt der Aufforderung zur Aufdeckung der Wirklichkeit gleich, zu mehr Wahrhaftigkeit in der moralischen Beurteilung: »Das Leben ist nun einmal nicht von der Moral ausgedacht: es will Täuschung, es lebt von der Täuschung.« (*Menschliches, Allzumenschliches I*, Vorrede; KSA Bd. 2, 14) Daher gehen nach Nietzsche alle Versuche, Moral als Wissenschaft zu betreiben und philosophisch zu begründen, ins Leere. Aber wie kann aus der Unvermeidlichkeit der Täuschung ein Wertbewusstsein resultieren? Da Nietzsche keineswegs einem Immoralismus das Wort reden will, sucht er nach einem Gebiet »jenseits von Gut und Böse«. Es ist der außermoralische Raum, der aber kein Chaos ist, sondern eine Ordnung enthält, die sich nicht mit Begriffen der reinen Vernunft beschreiben lässt. Es ist die Ordnung des Lebens, die keines Beweises bedarf, da sie im Vollzug des Lebens sich selbst versteht. Das Leben liefert eine durch logische Gesetze nicht begründbare Rechtfertigung, deren Evidenz sich der Mensch nicht entziehen kann: »Wenn wir von Werten reden, reden wir unter der Inspiration, unter der Optik des Lebens: das Leben selbst zwingt uns, Werte anzusetzen, das Leben selbst wertet durch uns, wenn wir Werte setzen.« (*Götzen-Dämmerung*; KSA Bd. 6, 86) Da es Nietzsche zufolge dem Menschen trotz seiner Vernunft nicht möglich ist, einen Standpunkt außerhalb des Lebens einzunehmen, bleibt ihm zur Erkenntnis moralischer Werte nur der Ausweg, sie in den Formen des Lebens selbst zu suchen.

Aufgrund seiner radikalen Kritik der moralphilosophischen Systeme kantischen Typus kommt Nietzsche zu dem Schluss, dass es gar keine moralischen Tatsachen gibt, sondern nur moralische

Interpretationen von Verhaltensweisen. Die irritierende Unterscheidung von griechischer »Herren-Moral« und jüdisch-christlicher »Sklaven-Moral« in *Zur Genealogie der Moral* hat nichts mit Rassismus zu tun, der Nietzsche später zugeschrieben wurde. Vielmehr geht es um eine psychologische Typologie, die zwischen starken und schwachen Charakteren unterscheidet. Unter den »Schwachen« versteht Nietzsche Menschen, die ihren Willen zur Macht nur durchsetzen können, indem sie diejenigen, die ihnen entgegenstehen, als »böse« disqualifizieren und sich selbst als »gut« darstellen. Diese Verteidigungsstrategie ist nach Nietzsches Überzeugung höchst wirksam, führt aber zur Zerstörung der Humanität. Letztere wird von den »Starken« repräsentiert, die ihre Werte nicht durch Vergleich mit anderen setzen, sondern unmittelbar aus der Übereinstimmung ihres Wollens mit ihrem Können beziehen. Genau das aber zeichnet nach Nietzsche den Künstler aus, der sich in seinem Werk selbst das Gesetz gibt.

Künstlerische Produktivität, also Poiesis und nicht Praxis oder bloße Technik, bildet daher die Handlungsform, die gemeint ist, wenn man Nietzsches Philosophieren als Lebenskunst verstehen will. Dafür spricht die Tatsache, dass Nietzsche die künstlerische Selbstkonstitution vom substanziellen Subjekt abkoppelt. Er bestreitet, dass es hinter den Äußerungen des Menschen ein Sein gibt, das als gut oder böse qualifiziert werden kann. Vielmehr geht es auf der Ebene des Tuns, Wirkens und Werdens, also auf der Ebene des Lebensvollzugs, um die Fesselung durch von außen auferlegte Normen oder um die Freiheit der Gestaltung. Die Übersetzung von »gut und böse« in »frei und unfrei« eröffnet der Moralität einen bisher ungeahnten Spielraum an Lebensformen, der nicht mit Relativismus verwechselt werden darf. Denn das Leben als Behauptung einer in sich stimmigen Lebensform schafft sich selbst den Wert, der dazu verpflichtet, eine eigene Form zu gewinnen und zu wahren. Der lebensphilosophische Phänomenalismus hat schließlich dazu geführt, dass Nietzsches Schriften als Exempel für Wege zur Selbsterfahrung des modernen Individuums gelesen werden können und auch tatsächlich gelesen worden sind.

In Rahmen des neuen Verständnisses von Philosophie als Selbstschöpfung des Menschen nimmt Lebenskunst im Sinne der Moralisten in Nietzsches Werken nur einen bescheidenen Platz ein. Lediglich das vierte Hauptstück »Sprüche und Zwischenspiele« in *Jenseits von Gut und Böse* erinnert stark an die »Sentenzen und Maximen über die Moral« La Rochefoucaulds. Auch *Menschliches, Allzumenschliches* kommt der moralistischen Ethik nahe. »Der Mensch im Verkehr«, »Weib und Kind« und »Der Mensch mit sich allein« lauten Überschriften der einzelnen Abschnitte. Ansonsten sind die Werke Nietzsches kulturphilosophische Traktate, die sich von moralphilosophischen Systemen dadurch unterscheiden, dass sie nicht Normen begründen, sondern die Entstehung von Normen rekonstruieren und damit deren Geltungsanspruch relativieren. Nietzsches Entdeckung liegt also darin, dass über Moral zu reflektieren darauf hinausläuft, Lebensformen zu entwerfen. Die Lebensform des Künstlers, der die Welt ästhetisch rechtfertigt, war für Nietzsche ein Mittel, ja letztlich sogar das einzig verbleibende Mittel, mit der Entzweiung als der Konstitutionsform der modernen Gesellschaft fertig zu werden. Dabei geht es Nietzsche weniger um Wege zum glücklichen Leben im Sinne der Antike als vielmehr um Anweisungen zur »Erleichterung des Lebens«: »Ein Hauptmittel, um sich das Leben zu erleichtern, ist das Idealisieren aller Vorgänge desselben; man soll sich aber aus der Malerei recht deutlich machen, was Idealisieren heißt. Der Maler verlangt, dass der Zuschauer nicht zu genau, zu scharf zusehe, er zwingt ihn in eine gewisse Ferne zurück, damit er von dort aus betrachte [...] Jeder also, der sein Leben idealisieren will, muss es nicht zu genau sehen wollen und seinen Blick immer in eine gewisse Entfernung zurückbannen. Dieses Kunststück verstand zum Beispiel Goethe.« (KSA Bd. 2, 229) Damit ist der Künstler als Prototyp des »Lebens-Künstlers« benannt, dem es gelingt, sein eigenes Leben durch Distanzierung von den inneren Widersprüchen erträglich zu machen. Mit dem Ausdruck »Pathos der Distanz« hat Nietzsche eine Formel für die ästhetizistische Form der Lebenskunst gefunden, die über die Jahrhundertwende hinaus Lebensstil und Lebensgefühl der avantgardistischen Eliten geprägt hat.

6. Vom Sinn des Lebens zur Kunst des Liebens

Die Hauptströmungen der akademischen Philosophie, Neukantianismus, Phänomenologie und Neopositivismus, haben zu Beginn des 20. Jahrhunderts die Psychologie durch die Logik ersetzt und unter diesen Vorzeichen Erkenntnistheorie und Wissenschaftstheorie in den Mittelpunkt ihres Interesses gestellt. Neben der theoretischen Philosophie nahm die Ethik einen bescheidenen zweiten Platz ein. Eine Ausnahme bilden lediglich die Wertethiken von Max Scheler und Nicolai Hartmann (1882–1950), die durch ihre ausgeprägt systematische Form aber kaum Ansätze für eine philosophische Lebenskunst bieten konnten. Gleichwohl wäre es unzutreffend, wollte man vom völligen Versiegen der Lebenskunst in dieser Zeit sprechen. Nur sind es nicht die Philosophen, sondern die Psychologen, die die Lebenskunst mit anderen Mitteln weiterführen. Die Entwicklung der Psychologie auf der einen und der Philosophie auf der anderen Seite ist freilich nicht dauerhaft getrennt verlaufen. Im Laufe der 1920er Jahre erfolgte eine Annäherung insbesondere zwischen Phänomenologie und Psychologie, die in der Existenzphilosophie ihren Niederschlag gefunden hat. Existenzphilosophie ist zwar keine Lebenskunst. Sie hat aber den Boden bereitet, auf dem in der zweiten Hälfte des 20. Jahrhunderts die Philosophie der Lebenskunst zu neuer Blüte gelangen konnte.

Philosophie und Therapie

Die Erneuerung der Psychologie im 20. Jahrhundert geht von Sigmund Freud (1856–1939) aus. Seine »Psychologie auf eigene Faust«, die Psychoanalyse, verdankt ihre bewusstseinstheoretischen Grundlagen der Willensmetaphysik Schopenhauers. Dessen »Primat des Willens im Selbstbewusstsein« hat Freud zu einer Theorie des Unbewussten ausgebaut, die das Subjekt naturalistisch als Bedürfnissystem oder Triebstruktur begreift. Der »psychische Apparat« setzt sich aus Instanzen zusammen, deren Zusammenspiel die Erhaltung des Individuums im Dienste der Gattung garantiert. Das erfolgt nach zwei Prinzipien: dem Lustprinzip, das den Lebenszweck setzt, und dem Realitätsprinzip, das für die Anpassung an die Lebensbedingungen sorgt. Der Lebenszweck besteht im Streben nach Glück, das Freud doppelseitig als Erleben starker Lustgefühle und als Vermeidung von Schmerz und Unlustgefühlen definiert. Den Glücksmöglichkeiten sind durch äußere Hindernisse enge Grenzen gesetzt. Der Mensch hat sich in seinem Glücksstreben aber nicht nur gegen äußere Hindernisse zur Wehr zu setzen, sondern auch und vor allem das unbewusste und unverfügbare Triebleben stellt eine Bedrohung des individuellen Glücksstrebens dar. Der Mensch kann also schon damit zufrieden sein, von seelischem Leiden verschont zu bleiben.

In seiner späten Schrift *Das Unbehagen in der Kultur* (1930) zählt Freud verschiedene Wege auf, die »von den einzelnen Schulen der Lebensweisheit« empfohlen werden und die beschreiben, wie man zum Glück gelangt – wobei unter Glück Triebbefriedigung zu verstehen ist. Unter den Triebbefriedigungen nimmt die geschlechtliche Liebe eine Vorrangstellung ein, da sie die intensivste Lustempfindung vermittelt. Die Evidenz des erotischen Augenblicks wird somit zum Vorbild für das menschliche Glücksstreben. Bei den von Freud diskutierten Wegen zum Glück bzw. zur Leidensvermeidung handelt es sich um »Lebenstechniken« oder »Techniken der Lebenskunst«, die Regeln der Libidoökonomie formulieren. Keine dieser Techniken führt laut Freud wirklich zum Ziel, so dass er zu dem ernüchternden Fazit gelangt: »Das Programm, welches uns das Lustprinzip aufdrängt, glücklich zu werden, ist nicht zu erfüllen, doch«, so fährt er fort, »darf man – nein, kann man – die Bemühungen, es irgendwie der Erfüllung näher zu bringen, nicht aufgeben.« (Ges. Werke Bd. XIV, 442)

Freuds rein subjektivistische Theorie des Glücks ist zunächst moralfrei und der Lebenskunst entsprechend technisch ausgerichtet. In einem zweiten Schritt gibt Freud dem sozialen Leben eine Sonderstellung für das Glücksstreben. Während die naturhaften Grenzen als unvermeidlich hingenommen werden, mobilisiert die Beziehung zu anderen Menschen emotionale Kräfte. So kommt die Kultur ins Spiel, deren Glückswert in Zweifel gezogen wird, da kulturelle Normen Einschränkungen des Lustprinzips bedeuten. Die Sublimierung der Triebziele hebt das Leben zwar auf eine höhere Stufe, stellt die Menschen jedoch vor Probleme, die rein strategisch und wertfrei nicht bewältigt werden können. Damit tritt das Problem der Moral auf den Plan, wobei Freud den Kulturprozess in Analogie mit der Reifung des Individuums betrachtet. In der Entwicklung der Kultur wie des Individuums spielt der Sexualtrieb eine Doppelrolle. Er verbindet die Menschen miteinander, erzeugt bei Nichterfüllung aber auch eine Aggressionsneigung, die das soziale Leben bedroht. Freud hat schließlich dem Eros als Lebenstrieb den Thanatos als Aggressions- bzw. Todestrieb gegenübergestellt und den Zivilisationsprozess als Kampf beider Triebe interpretiert, dessen Ausgang offen ist.

Freuds Kulturtheorie hat für die Ethik weitreichende Konsequenzen. Schuldgefühl, Gewissen und die Unterscheidung von

Gut und Böse entspringen keinem angeborenen moralischen Sinn, sondern sind Folgen der Triebregulierung, bei der neben dem Es und dem Ich nun eine dritte Instanz, das Über-Ich, in Aktion tritt. Es repräsentiert soziale Zwänge, die vom Individuum internalisiert und als moralische Forderungen erlebt werden. Diese genetische Betrachtung der Moral macht die Lebenskunst zu einer Kulturtechnik, deren Ziel es ist, Nutzen und Nachteil der Kultur gegeneinander abzuwägen und für das Individuum zum Ausgleich zu bringen. Das Unbehagen in der Kultur, das in allen Phasen zur Kulturkritik geführt hat, macht sich in der Ethik im Zweifel am absoluten Geltungsanspruch moralischer Imperative bemerkbar. Aus der Genese des Gewissens, die eigentlich eine Pathogenese ist, zieht Freud den Schluss, dass Ethik ein therapeutischer Versuch ist, mit der inneren Zerrissenheit des menschlichen Trieblebens fertig zu werden. Insofern bleibt Ethik für Freud eine gehobene Form von Lebenstechnik, deren Funktionieren darüber entscheidet, ob die Menschheit ihr emotionales Selbstvernichtungspotenzial in sinnvolle Bahnen lenken kann.

Freud hat sein naturalistisches und pessimistisches Menschenbild – die psychoanalytische Einsicht, dass sich die Verfügungsgewalt des Menschen über sein eigenes Inneres in engen Grenzen hält – als eine der großen Kränkungen der Menschheit bezeichnet. Das Es, also der Eros in seiner unkontrollierten Form frühkindlicher Sexualität, übt eine krankmachende Herrschaft über den Menschen aus. Der Mensch braucht Hilfe, um mit der Bindung an die belastende Vergangenheit fertig zu werden. Diese Hilfe kann ihm nur von geschultem Personal zuteilwerden. Freud hat großen Wert darauf gelegt, dass nur ausgebildete Psychoanalytiker in der Lage und befugt sind, in die seelischen Abgründe anderer Menschen einzudringen. Um aus dem Es ein Ich werden zu lassen, dazu bedarf es ausgefeilter Methoden der Kommunikation und Interpretation, die all das übersteigen, was sich die romantische »Seelenkunde« im 19. Jahrhundert zurechtgelegt hat.

Nach dem Muster der Psychoanalyse wird aus der Theorie eine Form der Therapie, wie Ludwig Wittgenstein (1889–1951) in seinen *Philosophischen Untersuchungen* festgestellt hat: »Der Philosoph behandelt eine Frage; wie eine Krankheit« (Teil I, Nr. 255). Worin die Behandlung besteht – in der Unterscheidung zwischen sinnvollen und unsinnigen Sätzen – und woran man erkennt, dass sie erfolgreich ist, hat Wittgenstein schon am Ende des *Tractatus* formuliert: »Die Lösung des Problems des Lebens merkt man am Verschwinden dieses Problems. Ist nicht dies der Grund, warum Menschen, denen der Sinn des Lebens nach langen Zweifeln klar wurde, warum diese dann nicht sagen konnten, worin dieser Sinn bestand.« (6.521) Die Verschiebung vom Glücksstreben zur Suche nach dem Lebenssinn eröffnet für die Lebenskunst eine neue Perspektive: »Kunst« nicht mehr – wie bei Nietzsche – als bildende Kunst verstanden, sondern – wie bei Freud – als ärztliche Kunst.

Lebensplan als nützliche Fiktion

Mit der Weiterentwicklung der Psychoanalyse hat sich die von Freud streng gehütete ärztliche Praxis gelockert und in Richtung auf philosophische Praxis im Sinne der individuellen Lebenskunst geöffnet. Maßgeblich für diese Entwicklung war Freuds abtrünniger Schüler Alfred Adler (1870–1937), der die Psychoanalyse zur Individualpsychologie umgestaltet hat. Adler sieht den Hauptantrieb menschlichen Handelns nicht wie Freud im Sexualtrieb, sondern im Geltungsstreben. Grund für das menschliche Geltungs- und Machtstreben ist das Minderwertigkeitsgefühl, mit dem das Kind als schwaches und pflegebedürftiges Wesen zu kämpfen hat. Um die wirkliche oder vermeintliche Minderwertigkeit zu kompensieren, entwirft der Heranwachsende einen Lebensplan, eine weitgehend unbewusste Vorstellung von der Rolle, die er in der Welt spielen möchte. Wenn der Lebensplan mit dem gesellschaftlichen Umfeld, aber auch mit der Konstitution des Individuums nicht zur Deckung zu bringen ist, entstehen krankhafte Zustände, die der Einzelne allein nicht überwinden kann. Die individualpsychologische Behandlung zielt darauf ab, dem psychisch Kranken eine realistische Einstellung seiner Rolle im Leben zu vermitteln. Hier gibt es hartnäckige Widerstände, da Selbsterkenntnis und Erkenntnis der Lage Mut und charakterliche Stärke erfordern. Die Arbeit des Individualpsychologen kommt einem Balanceakt gleich, da im Lebensplan jedes Menschen ein gewisses Maß an Fiktion enthalten ist, das einem über harte Zeiten und Rückschläge hinweghilft. Allerdings darf die Fiktion nicht zum Wahn werden, der den Menschen von der Wirklichkeit entfernt und in eine Traumwelt einsperrt.

Gegenüber Freud bringt die Individualpsychologie Adlers mit dem Schritt vom Sexualtrieb zum Geltungsstreben eine wichtige inhaltliche Neuerung; aber auch formal ändert sich das Menschenbild. Indem Adler das Wesentliche nicht in der Erfüllung unbewusster Wünsche, sondern im Lebensplan sieht, verlagert sich der Schwerpunkt des menschlichen Daseins aus der Vergangenheit in die Zukunft. In diesem Licht gewinnt auch die kindliche Entwicklung, der Adler große Aufmerksamkeit widmet, eine andere Bedeutung. Für ihn ist die frühe Kindheit nicht die Zeit des schmerzlichen Verlusts der Einheit mit der Mutter, sondern die Phase der Befreiung und der Öffnung für die selbständige Gestaltung der eigenen Zukunft. Die Akzentverlagerung von der Macht der Vergangenheit auf die Versprechen der Zukunft hat das Selbstverständnis der Psychotherapie verändert. Adler hat ihr neben der heilenden eine erzieherische Funktion zugebilligt. Individualpsychologie nimmt auf diese Weise zunehmend die Form von Anleitung zur Selbsterziehung an, die darin besteht, sich mit den Menschen und mit sich selbst auszusöhnen. Dabei spielt beim späten Adler die Ausbildung des Gemeinschaftsgefühls eine Rolle, so dass die Individualpsychologie zur Sozialpsychologie wird. Sie gibt die Regeln an die Hand, nach denen der Mensch die großen Lebensprobleme lösen kann, von denen Adler drei nennt: das Problem der Gemeinschaft, der Arbeit und der Liebe. Die Praxis der Lösung liegt nicht in der Anwendung abstrakter Regeln, sondern in der Ausbildung eines durchgängigen Lebensstils, in dem der Mensch zu sich selbst gelangt.

Mit diesem Programm wendet sich die Individualpsychologie nicht nur an den neurotisch Gestörten, sondern auch zunehmend an den »normalen« Menschen, der für sein Tun selbst verantwortlich ist. Damit ist der Anschluss an die Tradition der Lebenskunst erreicht. Zwar geht es nicht mehr primär um Anleitung zu einem glücklichen Leben, sondern um die Klärung der Meinung, die der Mensch von sich und von der Welt hat. Die Wege zur Klärung sind Gegenstand von Adlers letztem größeren Werk *Der Sinn des Lebens* (1933). Das Werk kann man durchaus als Meilenstein in der Entwicklung der modernen Lebenskunst bezeichnen, denn »Leben« wird von Adler als Lösen von Problemen aufgefasst. Die Probleme können dann als gelöst betrachtet werden, wenn sich das Individuum in die Gemeinschaft einfügt. Eine Solidargemeinschaft ist für Adler das objektive Ziel der kulturellen Entwicklung, und in der Ausbildung eines starken »Gemeinschaftsgefühls« erfüllt sich für das Individuum der Sinn des Lebens.

Ausgangspunkt der individuellen Sinnsuche ist der hilflose Mensch, der in der Kindheit, aber auch später auf die Kooperation mit anderen angewiesen ist. Aus der ursprünglichen Hilflosigkeit, die Adler als organische und psychische Hilflosigkeit bezeichnet, entspringt das Bedürfnis nach Zuwendung und Anerkennung, das Adler »Geltungstrieb« nennt. Zur Befriedigung des Geltungstriebs bedient sich der Mensch von Anfang an orientierungspraktischer Fiktionen, die seinen »Lebensplan« ausmachen. »Lebensplan« ist ein zentraler Begriff der Individualpsychologie, da er die Stelle des transzendentalen Subjekts einnimmt. Jeder Mensch »macht« seinen Lebensplan, aber nicht gänzlich frei und beliebig, sondern entsprechend seiner angeborenen Konstitution sowie der Situation, in der er sich befindet. In diesem Sinne heißt es bei Adler, dass der Mensch seinen Lebensplan »finden« müsse. Diese Doppelseitigkeit macht den Lebensplan zum Mittel einer »aktiven Anpassung«, wie Adler sich paradox ausdrückt. Die Doppelseitigkeit des Lebensplans äußert sich auch darin, dass er unerlässliche Stütze ist, zugleich aber auch Zwang ausübt, weshalb Adler auch von einem »Bewegungsgesetz« sprechen kann. In *Der Sinn des Lebens* gebraucht Adler neben »Lebensplan« den Begriff »Lebensstil«. Das ist insofern ein phänomenologisch wichtiger Schritt, da der Stilbegriff den traditionellen Dualismus von innen und außen aufhebt. Der Lebensstil ist die häufig unbewusste Verkörperung des Lebensplans, der damit seinen rein theoretischen Entwurfscharakter verliert. Im Lebensstil sind Entwurf und Vollzug eins. Das macht den Lebensstil zur Instanz, an der die Lebenskunst ansetzen muss.

Wo allerdings der Lebensstil mit seinen nützlichen Fiktionen zu sehr von der Wirklichkeit abweicht, etwa wenn der Lebensplan wahnhafte Züge annimmt, liegt der Fall einer Überkompensation vor. Diese ist der Ursprung von Neurosen, die einer ärztlichen Behandlung oder zumindest Beratung bedürfen. Illusorische Lebenspläne, die das Individuum in Konflikt mit den Erwartungen der Gesellschaft bringen, führt Adler auf die Kindheit zurück. Für die Ausbildung eines angemessenen Lebensplans spielt die Erziehung eine fundamentale Rolle. Bemerkenswert ist, dass Adler die Hauptquelle von Neurosen nicht in der Vernachlässigung, sondern in der Verwöhnung sieht. Der fiktiven Welt des Verwöhnten mit seiner Überempfindlichkeit und Unberechenbarkeit gilt ein Großteil der Analysen Adlers. Sie sollen Wege aufzeigen, auf denen der gestörte Mensch den Anschluss an die Gemeinschaft findet, ohne in seiner Individualität eingeschränkt zu werden. Der Anschluss an die Gemeinschaft lasse sich nur emotional herstellen: und zwar über das »Gemeinschaftsgefühl«, das Adler für die Grunddisposition des Menschen als Gemeinschaftswesen hält. Egoismus, Neid, Eifersucht usw. sind dagegen Zeichen eines Mangels an echtem Gemeinschaftsgefühl, welches das Leitbild einer »idealen Gemeinschaft« ausmacht. In diesem Rahmen zeigt Lebenskunst als Sinnsuche nicht so sehr pragmatische Züge; es geht also nicht um Gemeinnutz wie im Utilitarismus, sondern eher um eine gefühlsmäßige Übereinstimmung zwischen Menschen verschiedener Herkunft und Sozialisation.

Vergleicht man Adlers Suche nach dem Sinn des Lebens mit dem Programm der antiken Lebenskunst, so kann man geradezu von einem Paradigmenwechsel sprechen. Das gute und gelungene Leben wird nicht so sehr im Rückzug auf sich selbst gesehen, sondern umgekehrt in der emotionalen Einordnung in die Gemeinschaft. Diese betrachtet Adler allerdings nicht als organische Einheit, die dem Individuum übergeordnet ist, sondern Individuum und Gemeinschaft halten sich emotional im Gleichgewicht. Dadurch entsteht die neue Form eines weichen Individualismus, der sich nicht als Abgrenzung von anderen versteht. Diesem emotionalen Ausgleich kommt Adlers Begriff des Lebensstils entgegen; Lebenskunst als Verwirklichung eines eigenen Lebensstils, der wie jeder Stil aber nicht privat bleibt, sondern öffentlich wirksam wird und damit das Eigene mit dem Allgemeinen versöhnt. Individualpsychologische Lebenskunst entspricht dem, was heute *»My Way«* heißt. Die Kunst besteht darin, den eigenen Weg so zu gestalten, dass er von der Gemeinschaft nicht als Sonderweg empfunden wird, sondern als einer der zahlreichen Wege, der zu einer idealen Gemeinschaft aller Menschen führen kann.

Freiheit zum Sein

Die Lebenskunst in ihrer psychologischen bzw. psychoanalytischen Spielart ist nach dem Zweiten Weltkrieg von Erich Fromm (1900 – 1980) weiterentwickelt worden. Fromm gehörte vor seiner Emigration 1934 der Frankfurter Schule an, hat die Gesellschaftskritik aber dann individualpsychologisch transformiert. Wendepunkt war sein Buch *Psychoanalyse und Ethik* (1947), in dem er explizit an Aristoteles anknüpft. Ziel der Ethik ist ein glückliches Leben des Einzelnen, für dessen Realisierung aber nicht nur das gesellschaftliche Umfeld, sondern auch und in erster Linie die individuelle Charakterbildung von Bedeutung sind. Als wichtigstes Medium der Charakterbildung betrachtet Fromm die Liebe, wobei er an Freud anschließt. Auch Fromm transformiert die Sexualtheorie Freuds, aber er geht dabei in eine andere Richtung als Adler. Statt »Geltungstrieb« und »Lebensplan« nimmt Fromm zwei Grundbedürfnisse des Menschen an, die in einer gewissen Spannung zueinander stehen und zum Ausgleich gebracht werden müssen: Offenheit gegenüber und Vereinigung mit anderen Menschen sowie Selbständigkeit und ein In-sich-Ruhen der eigenen Persönlichkeit.

Das Programm des Ausgleichs zwischen Autonomie und der Bezogenheit auf andere hat Fromm in seinem Weltbestseller *Die Kunst des Liebens* (1956) dargelegt. Das Buch entsprach dem Zeitgeist der 1968er. Es wurde als Alternative zur normativen Ethik gelesen, die dem antiautoritären Selbstverständnis entgegenkam und zugleich einen unblutigen Weg aus dem kapitalistischen Gesellschaftssystem versprach. Durch ein Gemisch von erhellenden phänomenologischen Beschreibungen und verführerischen ideologischen Versprechungen hat Fromm die »Kunst des Liebens« zum Modell für eine Kunst des Lebens gemacht, die der Sehnsucht nach unentfremdeter Existenz entgegenkommt und in der Individuum und Gesellschaft sich eins fühlen können. Fromms Idee der Kunst des Liebens gleicht streckenweise buddhistischen und mystischen Einstellungen und Lebensformen, die in den modernen Industriegesellschaften bis heute nichts an Attraktivität verloren haben. Hier ist sicher viel falsches Bewusstsein im Spiel, aber das schmälert die Bedeutung nicht, die Fromm für die Erneuerung der Philosophie der Lebenskunst zukommt.

Anders als der Formalismus der normativen Ethik geht Fromm von einer Theorie des Menschen aus, die sich im Rahmen der philosophischen Anthropologie der Moderne hält. Mit der Entbindung von den Instinkten entsteht menschliches Selbstbewusstsein, das Trennung des Individuums von der Welt und von sich selbst bedeutet. Emotional wird die Trennung ambivalent empfunden, positiv als Gefühl der Selbstbestimmung, negativ als Angst vor Isolierung. Darin liegt das »Problem der menschlichen Existenz«, dessen Lösung Fromm primär in der zwischenmenschlichen Liebe sieht. Liebe ist für Fromm nicht nur ein Affekt, sondern eine Lebensform, die eine stark ausgeprägte kognitive Dimension besitzt. Liebevolles Eindringen in den anderen und Erkennen des anderen sind zwei Seiten ein und desselben Akts des Liebens, dessen reinste Form Fromm in der mystischen Erfahrung erblickt. In der erotischen Liebe spielt die Polarität der Geschlechter eine Rolle, die die Partner in der erotischen Vereinigung sie selbst sein lässt. Dieses Paradox der Verschiedenheit in der Einheit macht die Liebe zu einer unendlichen Aufgabe, die den Beteiligten Mut und Zuversicht abfordert.

Mit seinem anthropologischen Ansatz hat Fromm das Fundament für eine moderne Philosophie der Lebenskunst gelegt, die sich nicht auf einen Rückzug in Privatheit und Innerlichkeit beschränkt, sondern individuelle Bedürfnisse und soziale Erfordernisse miteinander zu verbinden sucht. Ethik ist für ihn mehr als die Anwendung abstrakter Normen, sie fordert die Entwicklung charakterlicher Eigenschaften, die ein gelungenes Zusammenleben der Menschen ermöglichen. Das Modell dafür liefert die Liebe, so dass die Kunst des Liebens und die Kunst des Lebens zusammenfallen. Erich Fromm plädiert für die Ausbildung eines Persönlichkeitstypus, für den das »Sein« wichtiger ist als das »Haben«.

So bedenkenswert Fromms anthropologischer Ansatz auch ist, seine Formulierung des »Problems der menschlichen Existenz« enthält psychologische Einseitigkeiten und metaphysische Voraussetzungen, die in dieser Form nicht tragfähig sind. Die an Schopenhauers Willensmetaphysik und ihren buddhistischen Hintergrund anknüpfende These von der Einheit aller Kreaturen hat Fromm dazu verleitet, die Angst vor dem Alleinsein als hauptsächliches Motiv für die Liebe als Weg zur Wiedervereinigung anzunehmen. Diese Konstruktion wird der psychosozialen Komplexität der verschiedenen Formen von Liebe jedoch kaum gerecht. Fromm behilft sich damit, dass er die Exklusivität der erotischen Liebe als abgeleitete Form der Liebe zu allen Menschen betrachtet. Damit gelangt er zu einem emotiven Universalismus, der die Liebeskunst auch für nicht primär erotisch interessierte Leser als Modell der Lebenskunst attraktiv gemacht hat. Die Verbindung von Eros und Logos hat die breite Rezeption von Fromms Lebensphilosophie begünstigt, da sie den Sehnsüchten einer ganzen Generation nach einem neuen Menschen in einer besseren Gesellschaft entgegenkam.

Zu den Bedingungen, unter denen die Rezeption Fromms erfolgt ist, gehört die erotische Utopie der 1970er Jahre, wie sie in den *Emmanuelle*-Romanen von Emmanuelle Arsan erscheint. Die Romane, deren Reflexionsniveau in den deutschen Titeln *Die Schule der Lust* (frz. *La leçon d'homme*) oder *Der Garten der Liebe* (frz. *L'Antivierge*) nicht zum Ausdruck kommt, bieten unter Bezugnahme auf Friedrich Nietzsche und Georges Bataille (1897–1962) Muster der Selbstsorge, die den Ideen der sexuellen Revolution dieser Zeit entsprechen. Der Verweis auf *Emmanuelle* mag im Rahmen einer Philosophie der Lebenskunst unangebracht erscheinen, aber er liefert einen Hinweis darauf, wie sehr Lebenskunst von Lebensgefühlen abhängig ist. Das sollte auch beim akademischen Umgang mit Lebenskunsttexten nicht unbeachtet bleiben. Eine rein immanente Lesart genügt nicht, um die gelebte Bedeutungsdimension dieser Art von Philosophie zu erschließen.

Wie sehr die Liebeskunst von einem Lebensgefühl getragen wurde, zeigt die Tatsache, dass ihr Versprechen einer besseren Lebensqualität sich nicht über die Zeit hinaus gehalten hat. Aus heutiger Sicht erscheinen die praktischen Empfehlungen, die Fromm dem Menschen für ein Leben aus der Mitte seiner Existenz mit auf den Weg gibt, eher banal. Es sind die üblichen Entspannungs- und Konzentrationsübungen, die aus ihrem religiösen Kontext herausgelöst in den westlichen Erlebnisgesellschaften zu einem flachen Spiritualismus der Wellness-Industrie abgesunken sind. Das Gefühl für den eigenen Körper, das seinerzeit die sexuell Verklemmten befreit haben mag, wird heute im Rahmen populärer Beraterliteratur als Königsweg zur Selbsterfindung verkauft.

Sicherlich wäre es ungerecht, Fromm für diese Entwicklung verantwortlich zu machen, doch in seinem Buch *Haben oder Sein* (1976) hat er den Versuch gemacht, die »seelischen Grundlagen einer neuen Gesellschaft« sozialpsychologisch weiter zu differenzieren. Aber trotz des Rückgriffs auf das *Alte* und *Neue Testament* sowie die Schriften Meister Eckharts bleibt es bei einem weltanschaulichen Synkretismus, der die »Kunst des Seins«, die Fromm als Vollendung der Kunst des Liebens und des Lebens vorschwebt, schließlich doch nicht vor der Verwechslung des Seins mit dem »Wohl-Sein« bewahren konnte. Sicherlich sind nicht alle psychotherapeutischen Richtungen dieser Gefahr erlegen. Ihre Bedeutung für das Selbstverhältnis des Menschen kann heute nicht hoch genug veranschlagt werden. Sie schreiben dem sozialen Umfeld eine stabilisierende Funktion zu, so dass Lebenskunst primär darin gesehen wird, durch kommunikatives Handeln sich selbst zu entdecken.

In diese Richtung bewegt sich auch die »existentielle Phänomenologie« von Ronald D. Laing, dessen Theorie des geteilten Selbst in den 1960er Jahren nachhaltig gewirkt und eine neue Sensibilität für die Lebenskunst geweckt hat. Das gilt auch für Erik H. Erikson (1902–1994), der eine neue Theorie der Identität auf psychosozialer oder »psychohistorischer« Grundlage aufbaut. In Österreich hat Viktor E. Frankl (1905 – 1997) die »Dritte Wiener Richtung der Psychotherapie« gegründet, in deren Mittelpunkt die menschliche Sinnsuche steht und die als »Logotherapie« bis heute von Alfried Längle weitergeführt wird. Durch ihre Nähe zur Phänomenologie geht von ihr eine starke Wirkung auf die philosophische Lebenskunst aus. In Deutschland wird das von Jakob Levy Moreno (1889–1974) entwickelte Konzept des Psychodramas derzeit von Ferdinand Buer als *Life-Coa-*

ching im Sinne von Sozialgestaltung nach dem Motto »Verantwortetes Glück ergibt Sinn« praktiziert.

Nicht zu vergessen ist die »Psychologie des Selbst« des 1903 in Wien geborenen amerikanischen Psychiaters Heinz Kohut. In seinem Bestseller *Die Heilung des Selbst* (1979) geht Kohut statt von einem Bedürfnissystem von einem rudimentären oder virtuellen Selbst aus, dessen Entwicklung davon abhängt, inwieweit das Kleinkind in der Mutter einen lebendigen Spiegel seines Geltungsstrebens findet. Kohut nennt die Mutter das »Selbstobjekt« des Kindes. Ihre Aufgabe sei es, in einer Weise empathisch-responsiv auf das Kind zu reagieren, als habe es bereits ein autonomes Selbst gebildet. Ob eine »Verschmelzung« zwischen Kleinkind und der Mutter als seinem Selbstobjekt, die Kohut als Königsweg zu einem heilen Selbst betrachtet, ohne Probleme ist, sei dahingestellt. Dass dieses Modell für die Lebenskunst in einer therapeutisierten Gesellschaft eine hohe Attraktivität besitzt, steht außer Frage. In diesem Sinne hat die »Phänomenologie des Fremden« die Idee einer responsiven Ethik ausgebildet, die eine Brücke von der Wertethik zur Lebenskunst schlägt.

Der kurze und unvollständige Überblick lässt keinen Zweifel: Die psychotherapeutischen Formen der Lebensgestaltung sind so weit verzweigt, dass eine Grenze zwischen Psychologie, Psychotherapie und Philosophie der Lebenskunst nur noch schwer zu ziehen ist. Das Aufkommen sogenannter Philosophischer Praxen in den 1970er Jahren ist dafür ein handfester Beleg. Der engere Kreis der akademischen Philosophie hat sich freilich gegen diese Tendenzen gesperrt. In Deutschland ist es in den 1980er Jahren zum Erstarken der normativen Ethik in Form der Diskursethik von Jürgen Habermas gekommen. Es handelt sich um eine Transformation des Kantianismus, die historisch als Abwehrbewegung gegen die psychotherapeutische Auflösung der normativen Ethik zu bewerten ist. Unterstützung fand dieser Normativismus in der sprachanalytischen Ethik von Ernst Tugendhat (*1930), der alle lebensphilosophischen Zugänge zur Ethik unter Irrationalismusverdacht stellt.

7. Selbstsorge im Garten der Lüste

Aus Frankreich hat in den 1980er Jahren die philosophische Lebenskunst mit Michel Foucault (1926–1984) einen überraschenden Neuansatz erfahren. Zunächst hat sich Foucault durch eine alternative Art von Wissenschaftsgeschichte profiliert, die sich zwischen der idealistischen Ideengeschichte und der materialistischen Sozialgeschichte bewegt. Mit seiner als »Archäologie« bezeichneten Methode deckt Foucault die institutionalisierten Formen des Wissens auf, die eine Gesellschaft zusammenhalten. Anders als die an Karl Marx orientierten Vertreter der Kritischen Theorie, die der Utopie einer repressionsfreien Gesellschaft anhängen, vertritt Foucault ein nüchternes Geschichtsbild, das gleichwohl eine innere Verwandtschaft zur *Negativen Dialektik* von Adorno aufweist. Gesellschaftliche Strukturen analysiert Foucault als von der Verwaltung des Wissens ausgehende Machtverhältnisse, deren Netz so dicht gewebt ist, dass sie der Entfaltung der Individualität keinen Raum lassen. Die Macht tritt nach Foucault im Zustand der Verflüssigung und Multiplizierung auf: Sie liegt nicht in den Händen einiger Mächtiger, sondern in den Strukturen selbst, die von allen mitgetragen werden. Das demonstriert Foucault an den institutionellen Formen der Verwahrung von Menschen, die aus dem Raster der Normalität fallen. Insbesondere die Psychiatrie verfehlt ihren Auftrag, die Menschen zu heilen. Foucaults beißende Psychiatriekritik lässt seine Sorge um die Zerstörung des exzentrischen Individuums, des Außenseiters, erkennen, der von der Gesellschaft nur noch als Bedrohung erfahren wird. Der idealistische Diskurs, der die Humanität beschwört, wird durch die Wirklichkeit Lügen gestraft. Er dient der Verschleierung von Machtkonstellationen, die darüber entscheiden, welche Wahrheiten gesellschaftlich zugelassen werden.

Damit hat Foucault ein beunruhigendes lebensweltliches Szenario entworfen, das für die Ethik einen Neuansatz möglich und nötig machte. Wenn die Menschen in einer Welt anonymer Strukturen leben, deren Macht sie selbst mit ihren Wünschen verkörpern, so kann die Frage der Moral nicht mehr lauten: »Was soll ich tun?«, sondern nur: »Wie kann ich in dieser Welt zu mir selbst kommen?« Eine Antwort auf diese Frage können keine universalen Handlungsnormen geben, die sich mittels der Vernunft begründen lassen, sondern die Darstellung von Lebensformen, in denen der Mensch der Allmacht der Strukturen entkommen kann. Unter diesem Vorzeichen wird Philosophie zur Lebenskunst, wobei mit »Kunst« ästhetische Kreativität gemeint ist. Allerdings schwingt bei Foucault immer auch die Konnotation der ärztlichen Kunst des Heilens mit, was insofern sachlich berechtigt ist, als man davon ausgehen kann, dass Genie und Wahnsinn zusammengehören. Damit vereint Foucaults Philosophie der Lebenskunst zwei Begriffe von Kunst, die jenseits rein verfahrenstechnischer Anweisungen zu einem Selbstverhältnis führen sollen, das »Konstitution des Selbst« heißt.

Sexualität und Selbsterfahrung

Primäres Medium der Konstitution des Selbst ist für Foucault die Sexualität, deren abendländischer Geschichte er detaillierte Untersuchungen gewidmet hat. Dabei handelt es sich nicht um eine »Sittengeschichte« im traditionellen Sinn, sondern um Analysen der mit dem sexuellen Begehren verbundenen Wissensformen, die zugleich Lebensformen sind. Sie bilden den meist unthematischen Hintergrund des individuellen Selbstverständnisses, das sich von Epoche zu Epoche wandelt. Man kann bei Foucault von einer Verschiebung der neuzeitlichen Reflexionstheorie des Selbstbewusstseins vom reinen Denken zum Fühlen und Wollen sprechen, das erscheinen will, um sich selbst als moralisches Subjekt zu erkennen. Dass Foucault sich für die moralische Selbsterfahrung an die Erfahrung des sexuellen Begehrens hält, hat auch einen biografischen Grund. Foucault hat aus seiner Homosexualität nie ein Geheimnis gemacht; und dies zu einer Zeit, in der Schwule noch als Außenseiter der Gesellschaft starken Diskriminierungen ausgesetzt waren. Foucault macht aus dieser Not eine Tugend, indem er in der Homosexualität die Chance sieht, die durch die Norm der heterosexuellen Zweierbeziehung verschütteten emotionalen Möglichkeiten auszuagieren und auszuformulieren. Die Bereicherung des Erfahrungshorizonts im Rahmen homosexueller Freundschaften, die weit über die vermeintliche Befreiung durch die sexuelle Revolution hinausgeht, ist beeindruckend und hat eine ganze Generation von Anhängern fasziniert. Zugleich aber ist unübersehbar, dass Foucaults Ethik trotz des Bruchs mit der klassischen Subjektphilosophie um ein Selbst kreist, das in seinem Begehren mit sich selbst beschäftigt bleibt. Die Sehnsucht nach intensiven Beziehungen jenseits institutionalisierter Formen wie der Ehe hat Foucault schließlich doch nicht aus der Einsamkeit seines Begehrens erlöst. Dem entspricht die Art, wie er von seinen Anhängern wahrgenommen und verehrt worden ist: als »maskierter Philosoph«, der anonym bleiben wollte, weil er als Subjekt des Begehrens der unhintergehbare Bezugspunkt im moralischen Gebrauch der Lüste geblieben ist.

Vor diesem Hintergrund überrascht es nicht, dass Foucaults Ethik der Lebenskunst auf die antike Form der »Selbstsorge«, die *epimeleia heautou*, zurückgreift. Natürlich hat die Antike unter dem Selbst, um das man sich zu sorgen hat, nicht das System der Bedürfnisse verstanden, die es zu befriedigen gilt, sondern es geht bei Platon um die Seele als den göttlichen Teil im Menschen. Auch Foucault geht über die leibliche Existenz hinaus, fasst aber das Selbst nicht mehr als eine vom Leib getrennte Substanz auf, sondern als Aktivitätspol, in dem alle Lebensäußerungen zentriert sind. Entsprechend bekommt der Begriff der »Sorge« eine existenzielle Note, die an Heideggers »Existenzial« heranreicht. Anders ausgedrückt: Die Sorge um sich erstreckt sich über momentane Befriedigung hinaus auf die gesamte Lebensform.

Der existenzielle Begriff der Sorge impliziert, dass sie auf etwas in uns gerichtet ist, mit dem wir nicht identisch sind, mit dem wir aber Übereinstimmung erzielen wollen. Damit wird die Selbstsorge zu einer unendlichen Aufgabe, zur geistigen Arbeit an einem Selbst, das, wie Foucault schreibt, »man glücklicherweise nie erreicht« (*Von der Freundschaft*, 88). Die zentrale Frage an Foucaults Idee einer Lebenskunst als Selbstsorge lautet demnach: Welchen ontologischen Status besitzt das Selbst, das im spielerischen Umgang mit dem sexuellen Begehren die Subjektivität von allen äußeren Zwängen befreien soll? Nur wenn diese Frage beantwortet ist, wird man die foucaultschen Formeln von der »Ästhetik der Existenz« und der »Erfindung des Selbst« in ihrer begrifflichen Tragweite angemessen einschätzen können.

Die Ethik der Selbstsorge hat Foucault im dritten Band von *Sexualität und Wahrheit* entfaltet, der den Titel *Die Sorge um sich* (1984) trägt. In diesem Buch, dessen zweites Kapitel (»Die Kultur seiner selber«) den Versuch einer systematischen Darstellung enthält, schließt Foucault an die bekannten Autoren der zwei ersten nachchristlichen Jahrhunderte an: Marc Aurel, Seneca, Epiktet usw. Zwar versucht Foucault in *Der Gebrauch der Lüste* (1984) nachzuweisen, dass die Selbstsorge schon in der Ethik der klassischen Zeit eine zentrale Rolle spielte. Aber den Höhepunkt sieht er in den Schulen des Hellenismus, vor allem bei Epikur und in der Stoa. Er macht sich die gängige Ansicht zu eigen, dass die Verinnerlichung der Eudämonie eine Folge des Individualismus gewesen sei, der sich mit dem Verfall der staatlichen Institutionen ausgebreitet hatte. Allerdings ergibt sich daraus nicht zwingend die Umbildung der klassischen Ethik zur Lebenskunst. Es zeugt von seinem feinen Gespür für Nuancen, dass Foucault die Individualismusthese nicht für ausreichend hält. Hinzu kommt die unterschwellig wirksame religiöse Dimension der hellenistischen Philosophie. Die von ihm ausgewählten Zitate lassen die in der Selbstsorge zum Ausdruck kommende Sehnsucht nach Erlösung und göttlicher Hilfe erkennen. Immerhin ist häufig von »Seele« die Rede, wobei der Übergang von der antiken zur christlichen Vorstellung unverkennbar ist. Hier kommen mystische Strömungen ins Spiel, die den Aufstieg des Neuplatonismus begünstigt haben. Diese Dimension ist zu berücksichtigen, wenn man sich ein Bild von dem Selbst machen will, zu dem der Gebrauch der Lüste führen soll.

Foucault hat die religiöse Dimension der Selbstsorge nicht explizit gemacht. Stattdessen räumt er dem Ästhetischen im Anschluss an Nietzsche eine Schlüsselrolle in der Selbstsorge ein. Wenn er von »Ästhetik der Existenz« spricht, so ist der Begriff im doppelten Sinne des Wortes zu verstehen: Ästhetik einmal als Wahrnehmung seiner selbst, zum anderen als Gestaltung seiner selbst. Damit will Foucault keinem Ästhetizismus, keiner Rechtfertigung des Lebens durch den Schein das Wort reden, sondern gerade der Wahrheit des Selbst zur Erscheinung verhelfen. Die ästhetische Wahrheit des Selbst liegt für Foucault in der Anerkennung der Begierden und Wünsche, die im Individuum zum Ausgleich gebracht werden können. Seinem eher pessimistischen Geschichtsverständnis steht demnach ein optimistisches Verständnis personaler Identität gegenüber. Diese ist nicht auf Zuschreibungen von außen angewiesen, sondern hat ihre Evidenz in der emotionalen Intensität des erotischen Erlebens. Hinter Foucaults Konzept der Selbstsorge steht ein Erotismus, dem zufolge jenseits von Gut und Böse die Authentizität der Lebensäußerungen zum Maßstab aller moralischen Wertungen wird. Dass die Evidenz des erotischen Selbstgefühls von einem Spiritualismus, einem metaphysischen, geradezu religiösen Seelenglauben getragen wird, darüber kann Foucaults Rehabilitierung des sinnlichen Begehrens nicht hinwegtäuschen.

Sieht man sich den existenziellen Erotismus etwas genauer an, so kann man erkennen, wie sich Foucault die Praktiken der Selbstsorge vorstellt. Foucault formuliert keinen Imperativ, sondern lenkt die Aufmerksamkeit auf den eigenen Lebensstil, der allem Egoismus zum Trotz der Selbstbeobachtung entgeht. Er spricht von »Arbeit an sich selbst«, die er mit der Handlungsform der Poiesis gleichsetzt. Wie ein Künstler aus vorliegenden Materialien sein Kunstwerk erschafft, soll der Mensch aus der Materialität seines Begehrens sich selbst und sein Dasein als Kunstwerk gestalten. Um diesem Konzept einen nachvollziehbaren Sinn abzugewinnen, bietet sich der Begriff der »Artikulation« an. Die Selbsterzeugung nach den Regeln der Kunst folgt der ursprünglichen Bedeutung von Askese, die Selbstbeherrschung in Form bestimmter körperlicher und geistiger Praktiken beinhaltet. Durch Selbstprüfung und Selbstbeherrschung gelangt der Mensch zur Umkehr zu sich selbst, ein Prozess, der als Befreiung und Stärkung des Selbstwertgefühls erfahren wird. Wichtiger als die Inhalte des Selbstgefühls ist für Foucault seine Intensität, die nicht nur punktuell in der Wollust, sondern langfristig in der Freude erfahren wird. In diesem Zustand einer das triebhafte Begehren überwindenden sinnlichen Heiterkeit konstituiert sich das Individuum als moralisches Subjekt. Das setzt freilich einen geschützten Raum voraus: den epikureischen Garten, in dem die Zeit keine Macht hat.

Grenzen des foucaultschen Programms

Foucaults Programm, durch kreativen Umgang mit den Lüsten geistige Freiheit aus dem Begehren zu gewinnen, gibt Anlass zur Kritik, die freilich auch nicht auf sich hat warten lassen. Abgesehen davon, dass Foucault in seiner Darstellung eher beschreibend und interpretierend als argumentierend vorgeht, wird ihm eine Unterbestimmtheit seiner Grundbegriffe vorgeworfen. Das betrifft zunächst den Begriff der »Konstitution des Selbst«. »Konstitution« ist nicht identisch mit »Konstruktion«. Selbst wenn man Konstitution als Poiesis im Sinne künstlerischer Kreativität auffasst, lässt sich diese Handlungsform nicht ohne Weiteres auf das Selbstverhältnis anwenden. Denn das Leben ist kein Artefakt, kein Kunstwerk, das sich vom Künstler löst. Im Leben fallen Vollzug und Resultat zusammen, so dass niemand von den kontingenten Bedingungen seiner Selbstkonstitution loskommt. Foucault scheint gegen Ende seines Lebens das Defizit gespürt zu haben und wollte darauf mit einem *Technologien des Selbst* titulierten Buch reagieren. Damit rückt das medizinische Modell gegenüber dem ästhetischen in den Vordergrund, »für sich selbst sorgen« heißt, »sein eigener Arzt sein«.

Das zweite Defizit betrifft das Medium der Selbstsorge. Foucault unterscheidet zwar Begehren von Lust, orientiert sich aber an der Vorstellung erotischer Evidenz. Begehren hingegen, das sich immer auf jemanden richtet, hat seine Wahrheit in der Möglichkeit der Erfüllung durch den anderen. Foucault thematisiert die Transzendenz des Begehrens am Beispiel der Ehe, zieht der heterosexuellen Verbindung zwischen Mann und Frau aber die Freundschaft zwischen Menschen gleichen Geschlechts vor. Denn hier eröffne sich unabhängig von der Polarität der Geschlechter Raum für kommunikatives Handeln und kooperative Beziehungen. Darin folgt er dem antiken Modell der Freundschaft mit sich selbst. Aber mit dem erotischen Subjektivismus verschiebt sich die Freundschaft mit sich selbst in einen Raum, der der Antike fremd war. Es ist der Raum der Intimität, in dem es zum Austausch von Vertraulichkeiten mit sich selbst kommt. Letztlich bleibt es bei einem Aus-sich-Herausgehen der eigenen Lust, einem *Coming out*, bei dem der andere nur die Rolle einer Gelegenheitsursache spielt. Die Wahrheit der Sexualität wird demnach nicht wirklich als Relation begriffen, sondern eben als Evidenz, für die es über das Selbstgefühl hinaus keine Kriterien gibt.

Das Defizit betrifft schließlich auch den Begriff des Selbst. Zwar ist es richtig, dass sexuelles Begehren keines vorgängigen Subjekts bedarf, um ein Selbst aufzubauen. Aber das Selbst, das hier entsteht, ist kein Subjekt, das einem Objekt gegenübersteht, sondern es ist immer beides zugleich. Darin liegt die Paradoxie der menschlichen Subjektivität, die Edmund Husserl schon in der Lebenswelterfahrung herausgearbeitet hat. An dieser Paradoxie findet das Programm der Selbstsorge seine Grenzen. Der Versuch, sich am eigenen Schopf aus dem Sumpf des Begehrens herauszuziehen, kommt ohne Hilfskonstruktionen nicht aus. Husserl hat diesbezüglich Zuflucht bei der transzendentalen Reduktion, bei der Ausschaltung der Wirklichkeit gesucht. Genau darauf aber läuft auch Foucaults Begriff des Selbst hinaus. Er spricht von einem »Hohlraum«, von einem »Hintergrund des Leeren«, der sicherstellt, dass die Wirklichkeiten den Möglichkeitssinn nicht ersticken (*Von der Freundschaft*, 92). Der späte Husserl hat diesen Hohlraum des »urstiftenden« Subjekts durch die intersubjektive Verfassung der lebensweltlichen Existenz ausgefüllt.

Diesen Schritt hat Foucault dagegen nur zögerlich vollzogen. Sein Interesse gilt dem isolierten Subjekt der Selbstsorge, das für vielfältige Beziehungen offen ist. Erst am Ende beschäftigt sich Foucault mit der Frage, wie durch »Politiken des Selbst« ein direkter Bezug zwischen Individuum und Gesellschaft hergestellt werden kann.

Die genannten grundbegrifflichen Defizite machen Foucaults Philosophie der Lebenskunst zu einer Ethik der Evidenz ohne Imperative. Multiperspektivität, Entgrenzung und Wandlung des Selbst sind die Glücksversprechen, die in das Muster des postmodernen Individualismus passen. Was Foucaults Selbstsorge inhaltlich bietet, bleibt auf dem Niveau einer Protoethik – einer Ethik der Lebenserfahrung, die besagt: Nur wer mit sich selbst zurechtkommt, wird auch die anderen gut behandeln. Die normative Unbestimmtheit macht die Faszination von Foucaults Erotismus der Lebenskunst aus, hat aber nicht die begrifflichen Klärungen gebracht, die für eine argumentative Einlösung des Glücksversprechens nötig wären. Foucaults Wende zur Lebenskunst ist zunächst in Zirkeln am Rande der akademischen Philosophie aufgenommen worden, hat dann aber die Ethik in ihrer ganzen Breite erfasst. In der Wirkungsgeschichte sind zwei Hauptstränge zu unterscheiden: die an Nietzsche orientierte europäische Richtung und die am Pragmatismus orientierte Richtung der Amerikaner.

Eine neue Grundlegung

Die europäische Rezeption dieses Teils des foucaultschen Werks ist im deutschen Sprachraum vor allem durch Wilhelm Schmid erfolgt, der sich nach einer Interpretation von Foucaults Archäologie der Sexualität in den 1990er Jahren auf die Suche nach einer neuen Lebenskunst gemacht hat. Sein erfolgreiches Buch *Philosophie der Lebenskunst – Eine Grundlegung* (1998) liefert den Grundstock für eine ganze Bibliothek der Lebenskunst, die alle Bereiche und Stufen von transzendentaler Reflexion bis zur Alltagspsychologie umfasst. Der philosophische Anspruch von Schmid kommt darin zum Ausdruck, dass er philosophische Lebenskunst nicht als Beratung und Therapie aufgefasst wissen will, sondern als begriffliche Klärung von existenziellen Fragen, die das Selbstverständnis des Menschen bestimmen. Philosophie der Lebenskunst ist für Schmid identisch mit dem Bewusstsein, »eine Philosophie zu haben«. Philosophie freilich nicht als strenge Wissenschaft, sondern eher als Kunst, die nicht der Begründungsrationalität unterliegt und deren Wahrheit jeder für sich finden und formulieren muss.

Genau hier aber liegen die Probleme, die in Schmids *Grundlegung* ungelöst bleiben. Drei Punkte sind besonders auffällig. Erstens die Betonung des Wechsels der Lebensform, des »Andersfühlens«, das immer neue Perspektiven des Lebens eröffnen soll. Hinter diesem Primat des Möglichkeitssinns vor dem Wirklichkeitssinn steht der seinerzeit boomende Konstruktivismus, dem zufolge die Wirklichkeit, wie wir sie wahrnehmen, unsere Erfindung ist. Das mag zwar ein erhöhtes Selbstgefühl erzeugen, hebt aber den harten Kern der kontingenten Faktizität nicht auf, was auch für die eigene Konstitution gilt. So kann nur in einem metaphorischen Sinne von Selbsterfindung oder Selbsterschaffung die Rede sein. Die »*andersmoderne* Konzeption des Subjekts« (*Grundlegung*, 251), mit der sich der Zeitgeist des ausgehenden 20. Jahrhunderts gewaltig aufgespreizt hat, findet auch durch »quasi-transzendentale Reflexion« keinen Weg zwischen der Skylla personaler Identität und der Charybdis der Multiplizität sozialer Rollen. Die Kohärenz des Selbst, wenn sie denn moralische Verantwortung begründen soll, lässt sich nicht als Konstrukt ausweisen, sondern resultiert aus der unhintergehbaren Kontinuität des Lebensverlaufs. Das war die Entdeckung der Lebensphilosophie des 19. Jahrhunderts, gegen die Schmid allerdings nur die üblichen Verdächtigungen vorbringt.

Der zweite Punkt betrifft das Pathos der Wahl, die dem Individuum ein Maximum an Freiheit und Selbstbestimmung gewähren soll. So verlockend das Versprechen auch ist, jeden seinen eigenen Weg gehen zu lassen: Das Problem der Kriterien bleibt bestehen. Schmid spricht zwar von einer »autonomen Hermeneutik« des Selbst, aber der Blick von außen garantiert noch nicht die »Selbstmächtigkeit«, die Schmid dem Lebenskünstler zuschreibt. Auch hier hat die Lebensphilosophie mehr zu bieten. So etwa Schopenhauer, der die Freiheit als »Deliberationsfähigkeit« beschreibt. Dagegen kann grundlose Wahl schnell in Konformismus umschlagen, und der Einzelne merkt nicht, wie er in seinen vermeintlich eigenen Entscheidungen von Moden und Trends beeinflusst und von politischen und ökonomischen Mächten instrumentalisiert wird. Das gilt auch für die Wahl der Philosophie, die so frei nicht ist, wie es dem modisch aufgeputzten »Subjekt der Multiplizität« vorkommen mag.

Der dritte und systematisch entscheidende Schwachpunkt liegt in der durchgängigen Rede vom »erfüllten Leben« (94 und passim) – eine gefährliche Metapher, die sich mit der vom »geführten Leben« kreuzt. »Erfüllung« von oder mit etwas deutet auf einen quantitativen Substanzialismus, mit dem Schmid dem Lebensvollzug einen immanenten Sinn zu geben versucht. Worin die einzelnen Inhalte bestehen, bleibt jedem selbst überlassen. »Erfülltsein« wird damit zum Selbstzweck – eine postmoderne Variante von Heideggers »Vorlaufen zum Tode«. Während bei Heidegger die Zukunft die Vollzugsweise des eigentlichen Daseins darstellt und so die vorlaufende Entschlossenheit zur Entscheidung ermöglicht, hält sich Schmid an die Lust des Augenblicks. So gehöre das Bewusstsein des Todes zur »Lebenswahrheit«, wobei der Tod als unaufhebbare Grenze des Lebens dazu auffordere, auf »erfüllte« Weise zu leben. Das Leben ist aber ebenso wenig wie das Bewusstsein ein Behälter, der sich beliebig auffüllen lässt. Wenn dem so wäre, fiele die Zeitlichkeit aus der Fundierungsordnung des Lebens heraus, so dass von »Grundlegung« in einem transzendentalphilosophisch anspruchsvollen Sinne keine Rede mehr sein könnte.

Man kann Schmid zugutehalten, dass seine Beschreibung der Selbstgestaltung das Selbstverständnis des postmodernen Individuums wiedergibt. Aber die Begriffe, auf denen seine Philosophie der Lebenskunst aufbaut, bilden keinen Begründungszusammenhang, keine falsifizierbare Theorie. Sie metaphorisieren eher ein Lebensgefühl, gegenüber dem kritische Distanz angebracht wäre. Das bei Nietzsche noch vorhandene »Pathos der Distanz« geht Schmid ab; es muss ihm abgehen, solange er seine Philosophie der Lebenskunst mit Philosophie als Lebenskunst gleichsetzt. So reicht seine Grundlegung nicht an den Grund eines philosophischen Lebensbegriffs, der die Zeitlichkeit als Medium der Konstitution des Bewusstseins reflektiert. An die Stelle universaler Genesis tritt eine unreflektierte Einheit von Form und Inhalt des Lebens, die ein Harmonieversprechen enthält, das sich vom lebensphilosophischen Standpunkt nicht begründen lässt. Es ist also kein Wunder, dass akademische Philosophen mit Schmids materialreichem Panorama pluralistischer Lebenskunstphilosophie begriffliche Schwierigkeiten haben.

Neuere Kritik an der philosophischen Lebenskunst

Die grundbegrifflichen Unklarheiten in der aktuellen Philosophie der Lebenskunst, wie sie auf exemplarische Weise von Wilhelm Schmid vertreten wird, haben in jüngster Zeit zu massiver Kritik am Programm der Lebenskunst geführt. Von neukantianischer Seite, vertreten durch Wolfgang Kersting, wird sie in Form einer *Kritik der Lebenskunst* (2007) vorgetragen. Die Kritik will deutlich machen, dass »Selbstmächtigkeit« dezentrierter Subjekte eine widersprüchliche Haltung zu sich selbst herbeiführen kann, so wie die sich selbst überlassene Vernunft in Antinomien endet, wenn ihr keine Grenzen durch die Erfahrung gesetzt werden. Allerdings kann eine Rückkehr zu Kants kategorialer Synthesis nicht der Weg sein, moralisches Selbstbewusstsein zu begründen. Deshalb erinnert der Normalitätstheoretiker Thomas Rolf in seinem Beitrag »Normale Selbstverwirklichung« daran, dass Normativität sich nicht von Normalität abkoppeln lässt. Damit weist er einen Weg für eine Grundlegung der Lebenskunst, der über Schmid hinausführen könnte. So unsicher der Übergang vom epistemischen Selbstbewusstsein zur Selbstgestaltung bei Schmid auch sein mag, richtig ist seine Einsicht, dass Selbstgestaltung nicht vom Nullpunkt eines transzendentalen Subjekts ausgehen kann. Vielmehr geht es um Aktualisierung der im Lebensvollzug selbst liegenden Möglichkeiten, um Gestaltung der prozessualen Einheit des Bewusstseins, ohne die es keine Identität in der Veränderung geben könnte. Ein Selbst, das sich in lauter »Anderssein« auflöste, verlöre sein Selbstbewusstsein. Schmids Grundlegung kommt somit, ohne es zu wollen, dem lebensphilosophischen Selbstkonzept nahe, welches das heterogene Kontinuum der Bewusstseinszustände im unhintergehbaren Willen zum Leben fundiert sein lässt.

Auch wenn die Grundlegung der Lebenskunst unabhängig von Kants Theorie des Selbstbewusstseins als »Ästhetik der Existenz« aufgefasst wird, ergeben sich Schwierigkeiten, solange der Begriff ästhetischer Erfahrung nicht geklärt ist. Dieter Thomä ist der Frage nachgegangen, wie weit Erzählformen, speziell Formen der Selbstbiografie, geeignet sind, die verschiedenen Dimensionen des Selbstverhältnisses zu klären. In seinem Beitrag »Lebenskunst zwischen Könnerschaft und Ästhetik« kommt er zu dem Schluss, dass die in der philosophischen Lebenskunst deklinierten Modelle der Kunst nicht ausreichen, um die Komplexität des gelebten Selbstbezugs zu erfassen. Wenn Leben zu einem bedeutenden Teil darin besteht, sich selbst zu deuten, so muss Lebenskunst Regeln der Selbstdarstellung formulieren, die nicht nur Leben abbilden, sondern auch an der Lebenswirklichkeit etwas sichtbar machen. Thomä weiterdenkend wäre darauf hinzuweisen, dass *Mimesis* die klassische Darstellungsform ist, die Kunst und Leben vereint, ohne die Identität beider zu postulieren. Kunst und Leben gehören nur dadurch zusammen, dass sie, in Distanz verharrend, sich gegenseitig reflektieren. Ästhetische Lebenskunst entgeht nur dann dem Ästhetizismus, wenn sie der Kreativität kommunikativen Handelns einen Weg bahnt. Ob man diese Haltung sozialpsychologisch als »Einschwingen auf den Anderen« bezeichnen kann, wie Thomä es tut, sei dahingestellt. Es scheint sich eher um eine Liebe zur Lebenswirklichkeit zu handeln, um einen fantastischen Realismus, der den Erzähler des eigenen Lebens mit den Geschichten der Anderen versöhnt, in die er selbst verstrickt ist.

Pragmatismus als Philosophie der Lebenskunst

Anders als in Deutschland ist die Rezeption Foucaults in Amerika stärker pragmatisch ausgerichtet. Die ethische Dimension der Selbstsorge ist nicht auf die Ausdrucksfähigkeit des isolierten Subjekts gerichtet, sondern wird an den Folgen des Handelns bemessen, die immer in einem sozialen Kontext stehen. Allerdings ist der Neo-Pragmatismus nicht mehr so »hart« wie noch bei William James (1842–1910). Was James als »Wahr-Machen« durch Handlungsfolgen, also als *Veri-fikation* bezeichnet hat, unterliegt dem Realitätsprinzip. Emphatisch warnt er davor, mit der Ordnung der Dinge ein willkürliches Spiel zu treiben (*Der Pragmatismus*, 129). Aber gerade auf dieses Spiel hat sich das poststrukturalistische Denken in Amerika eingelassen, indem es Moralität zu einer rein symbolischen Funktion gemacht hat. In diesem Punkt ist die deutsche Tradition existenzialistischer. Schmids »Selbsterfindung« blendet den dunklen Grund des Daseins keineswegs aus. Der neo-pragmatische Konsequentialismus der Amerikaner bleibt dagegen merkwürdig konsequenzlos. Drei Exponenten sind zu nennen: Richard Rorty, Judith Butler und Richard Shustermann.

Richard Rorty (1931–2007) gehört ohne Zweifel zu den amerikanischen Nachkriegsphilosophen, deren Neo-Pragmatismus für die Philosophie der Lebenskunst leitend geworden ist. Er hat über den Begriff der Potenzialität promoviert, wobei er das aristotelische »Zusammen« von Potenzialität und Aktualität in Richtung der Ersteren verschoben hat. Der Primat der Potenzialität, des Möglichkeitssinns vor dem Wirklichkeitssinn, schafft die begriffliche Voraussetzung für das postmoderne Lebensgefühl, das zum überwältigenden Erfolg von Rortys Denken geführt hat. In seinem Buch *Kontingenz, Ironie und Solidarität* nennt Rorty drei Stichworte, die für die Lebenskunst im Anschluss an Foucaults Lehre von der Selbsterschaffung des Menschen kennzeichnend sind. In der Anerkennung der Kontingenz sieht Rorty die Voraussetzung für Freiheit, doch steht Kontingenz bereits für eine Reduktion dessen, was früher »Schicksal« hieß. Damit verschwindet alles Tragische aus einem Leben, das mit den Rezepten der Lebenskunst nicht bewältigt werden kann. Um mit dem Zufall zu leben, genügt die Ironie, die nach Rorty vom weiblichen Geschlecht virtuos praktiziert wird. Daher beschreibt er Ironie als Weg, Distanz gegenüber Schuld und Sühne zu gewinnen und sich absolute Geltungsansprüche vom Leibe zu halten. Aus dieser Einstellung entsteht Solidarität, die freilich nichts mit tätiger Nächstenliebe zu tun hat, sondern sich darin erschöpft, sich durch gemeinsame Sprachspiele zu vernetzen.

Auf dieser Grundlage wendet sich Rorty gegen Kants Unterscheidung von Moralität und Klugheit und vertritt eine »inhaltsreiche« Sittlichkeit, welche den Wert von Entscheidungen daran misst, wie weit er die Lebensqualität der Beteiligten fördert. Es gibt für Rorty also kein Gutes an sich, sondern immer nur Gutes für jemanden, wobei Kompromisse zwischen konkurrierenden Gütern die Regel sind. Wodurch sich moralische Kompromisse, die den Werten der westlichen Gesellschaften entsprechen, von faulen Kompromissen unterscheiden, dafür nennt Rorty keine Kriterien. Das entspricht dem Glauben an die Selbstheilungskräfte des Marktes moralischer Werte, für den sich in den 1980er Jahren viele westliche Intellektuelle begeistert haben. Aus dieser Begeisterung heraus wird Moralität zur Kunst, alle sich bietenden Chancen zum Glücklichsein zu nutzen.

Foucaults Versuch, Homosexualität durch ästhetische »Selbstkonstitution« zu überwinden, hat sein Gegenstück im radikalen Feminismus, der die Geschlechtsidentität von den Fesseln der traditionellen kulturellen Zuschreibungen befreien möchte. Die amerikanische Feministin Judith Butler hat in diesem Rahmen das Problem der personalen Identität auf allen ontologischen Ebenen durchgespielt. Sie betrachtet Geschlechtsidentität (*gender*) im Unterschied zum biologischen Geschlecht (*sex*) als Selbstkonstitution durch performative Akte. Die Frage, ob der Schritt vom Sex zum Gender wirklich die Befreiung bringt, die das emanzipatorische Denken verspricht, bleibt allerdings offen. Die sich dem gesellschaftlichen »Wahrheitsregime« entziehende Performativität bedarf sicherer Kriterien, um nicht selbst zur Fessel zu werden. Denn erstens bleibt die soziale Konstruktion des Geschlechts latent von eben derjenigen Macht geleitet, der sich Feministinnen seitens der Männer ausgesetzt fühlen. Zweitens muss das Selbstverhältnis der Frau mit dem biologisch motivierten Kinderwunsch rechnen, der, wie sich gegenwärtig zeigt, nicht mehr durch einen *Brief an ein nie geborenes Kind* (Oriana Fallaci) erledigt ist. Die biologische Konstitution kann zu Konflikten führen, welche die freie Selbsterschaffung zum Scheitern verurteilen. In ihrem Buch *Kritik der ethischen Gewalt* (2007) scheint sich Judith Butler dieser Einsicht zu öffnen. Im Anschluss an den späten Foucault begreift sie die Bildung des moralischen Subjekts als eine Art Selbstkonstitution, bei der die körperliche Begegnung mit dem Anderen die Parameter der modernen Anerkennungstheorien sprengt. Für die Lebenskunst ergibt sich daraus die Folgerung, dass nicht jede Bedingung der Subjektbildung frei verfügbar ist und dass die Sprache nicht das absolute Medium ist, in dem der Mensch Rechenschaft von sich selbst ablegen kann. Ein Foucault-Zitat unterstreicht dieses Resultat: »Der Diskurs ist nicht das Leben, seine Zeit ist nicht eure (...).« (51) Die Zeit des Lebens ist die Zeit des Reifens, die sich nicht beliebig komprimieren lässt.

Damit reiht sich die radikale Feministin Butler in die Bemühungen der gemäßigten feministischen Ethik ein, unabhängig vom politischen Kampf um die Gleichstellung auf die spezifisch weiblichen Erfahrungen von moralischer Verpflichtung aufmerksam zu machen. Die »Fürsorglichkeitsperspektive«, die biologisch mit der Mutterschaft verbunden ist, wird als Empathie aufgefasst und der Gerechtigkeitsperspektive universalistischer Moralkonzeptionen gegenübergestellt. So kommt das Programm einer feministischen Ethik »jenseits der Geschlechtermoral« der Lebenskunst entgegen, die freilich nicht mehr primär ästhetisch ausgerichtet ist. Die individuellen Lebenslagen, in die Frauen durch ihre Kinder gestellt sind, sowie auch die emotionalen Dispositionen, von denen sich Frauen nach wie vor stärker leiten lassen als Männer, bringen einen neuen Ernst in die Lebenskunst, der den Traum rhetorischer Selbsterfindung hinter sich lässt. Durch ihre Orientierung am Nahbereich steht die feministische Auffassung von Lebenskunst der angewandten Ethik näher.

Als dritter Exponent der pragmatischen Konzeption der Lebenskunst ist Richard Shusterman zu nennen, der in seinem Buch *Kunst leben* (dt. 1994) den Versuch macht, in Auseinandersetzung mit Foucault und Rorty der ästhetischen Version der Lebenskunst eine soziale Komponente zu geben. Denn wenn man das Selbstverhältnis nach dem Muster des Künstlers interpretiert, kommt man schnell zu einem elitären Ästhetizismus, der mit den Idealen des demokratischen Liberalismus nicht vereinbar ist. Eine rein privatistische Konzeption der Lebenskunst als »Selbstschöpfung« und »Selbstbereicherung« mache das Individuum zum Opfer der Konsumgesellschaft, deren unersättliches Streben nach neuen Reizen die Selbstbestimmung zerstört. Mit seiner kritischen Wahrnehmung des amerikanischen *Way of Life* unterscheidet sich Shusterman wohltuend von Rortys Traum einer Kunst der unbegrenzten Möglichkeiten des guten Lebens, dessen Kosten stets von der Masse der weniger Privilegierten getragen werden. Vorbehalte äußert Shusterman auch gegen die Verlagerung der Lebenskunst von der konkreten Lebenspraxis auf das Erfinden neuer Vokabulare und den virtuosen Umgang mit Sprachspielen, die den modernen Ironiker auszeichnen.

Alternativen zum Ästhetizismus entwickelt Shusterman in *Philosophie als Lebenspraxis* (2001). An Dewey, Wittgenstein und Foucault zeigt er, wie in einem philosophischen Leben Theorie und Praxis miteinander verzahnt sind, und stellt ihre Biografien als Beispiele für die Suche nach einer Lebensphilosophie dar, die das Private mit dem Öffentlichen verbindet. Im pragmatischen Meliorismus von Dewey sieht Shusterman einen Weg, die Trennung von Ethik und Politik zu überwinden. Die Probe aufs Exempel macht er mit der Frage nach der jüdischen Identität, die er aus seinem eigenen Erfahrungshorizont beschreibt. Er plädiert für die Unabhängigkeit von Zuschreibungen, für die Überwindung der antisemitischen Herausforderung. Daraus ergibt sich für ihn das Ideal einer Selbstkonstitution jenseits von Rasse, Nationalität und sogar von Religion. Allerdings ist hier die Gefahr eines performativen Selbstwiderspruchs unübersehbar. Das Konzept der Selbsterfindung ohne Vergleich mit anderen lässt durch die Hintertür die Kontingenzen und Abhängigkeiten herein, die durch Selbstermächtigung endgültig überwunden sein sollten. Jüdische Identität ist wie jede Herkunft und Zugehörigkeit schicksalhaft und lässt sich durch kriterienlose Selbstwahl nicht adäquat erfassen. Der ewig herumirrende Ahasver, der auch in sich selbst keine Heimat finden kann, bekommt durch den zwischen Jerusalem und New York pendelnden Intellektuellen einen merkwürdig unauthentischen Status. Hinter der Vielheit der selbstgewählten Rollen und der Ruhelosigkeit des Ortswechsels verbirgt sich die Statik des Genotypus, wie sie Gottfried Benn in seinem *Roman des Phänotyp* (1944) beschrieben hat. So betrachtet scheint auch der Neo-Pragmatismus keine überzeugende Alternative zum Ästhetizismus der postmodernen Lebenskunst zu bieten.

Die Ethik der Selbstsorge beschreibt Lebenskunst in ihren formalen und funktionalen Aspekten als Ästhetik der Existenz und Konstitution des Selbst. Als Ziel schwebt ihr dabei sicherlich die Stabilisierung eines positiven Selbstgefühls bzw. Selbstwertgefühls vor, das Foucault sokratisch als »mit sich selbst befreundet sein« bezeichnet hat. Die inhaltliche Bestimmung der Freundschaft mit sich selbst bleibt allerdings eigentümlich unbestimmt. Primär geht es um Selbsterfahrung, um Zugänge zu den dunklen Seiten eines Selbst, das nichts mit der Kunstfigur des »Übermenschen« gemeinsam hat, wie sie Nietzsche vorschwebte. Auffällig ist, dass in diesem Kontext der Begriff des Glücks kaum eine Rolle spielt. Sexualität als Medium des Selbstverständnisses ist viel zu spannungsreich und ambivalent, um die Zufriedenheit und Seelenruhe zu gewähren, die mit dem Glücksbegriff traditionell verbunden sind. Einsamkeitserfahrung, Angst und Selbstzweifel gehören für Foucault zur Wahrheit der Sexualität, die ihr Glücksversprechen nur punktuell einlöst. Daher hält es Foucault für geboten, den Begriff der Lust in den Mittelpunkt seiner individualistischen Ethik zu stellen. Ein sinnvoller Gebrauch der Lüste ist für ihn die Voraussetzung dafür, dass die Menschen sich als sexuelle Subjekte anerkennen, und das heißt als Subjekte überhaupt. Denn die Reflexion der eigenen Sexualität bildet das Fundament der menschlichen Subjektivität.

8. Philosophie des Glücks im Überfluss

Gegenüber Foucaults anthropologischem Ansatz bei der Sexualität, der ihn zum Impulsgeber für die postmoderne Philosophie der Lebenskunst gemacht hat, orientieren sich die in der neukantianischen Tradition stehenden akademischen Philosophen an der klassischen Frage nach dem Verhältnis von Glück und Moral. Sie suchen nach einer Position zwischen Kants kategorischer Ablehnung des Glücksstrebens als Prinzip der Moral und der eudämonistischen Tugendethik, die das eigene Glück in das moralisch gute Leben aufnimmt. Das führt in der Regel nicht zu einer bloßen Rehabilitierung antiker Positionen, wohl aber zu einer intensiven Auseinandersetzung mit dem Begriff des Glücks. Das heutige Verständnis von Glück deckt sich kaum mit der antiken Eudämonie. Glück wird offenbar nicht mehr als ein Zustand der Seelenruhe betrachtet, sondern eher als Aufgabe, die es zu bewältigen gilt. »Du schaffst es«, lautet die gängige Formel, mit der wir jemandem Mut machen. Was da zu »schaffen« ist, betrifft die personale Identität, um die der Mensch kämpft, der auf Selbstbestimmung bedacht ist. Im Spiel der verschiedenen Rollen bei sich selbst bleiben, sich nicht instrumentalisieren lassen, aber auch nicht im Verborgenen leben – so sieht die komplexe Konstellation aus, die der postmoderne Glücksbegriff abdeckt.

Das Sprichwort »Jeder ist seines Glückes Schmied« gilt zwar heute noch, lässt sich aber nicht mehr mit der Handwerkskunst zur Deckung bringen. Die Kunst, die für das Glück der Selbstfindung erforderlich ist, schwankt zwischen der Kunst des Schauspielers und der des Handwerkers. So stellt sich die Frage, welcher Glücksbegriff dem modernen Menschen- und Weltbild entspricht. Der Glücksbegriff wird also im Kontext individual- und sozialpsychologischer Einsichten auf seine Tauglichkeit als Fundament für eine moderne Ethik des guten Lebens getestet. Aus der Menge der seit den 1980er Jahren stark anschwellenden Literatur zum Thema Glück wähle ich drei deutschsprachige Autoren aus, die stark systematisch argumentieren und den Anschluss an die Philosophie der Lebenskunst suchen: Martin Seel, Dieter Thomä und Dieter Birnbacher.

Glück formal

In seinem *Versuch über die Form des Glücks* (1995) gibt Martin Seel eine detaillierte Analyse des Glücksbegriffs in moralphilosophischer Absicht. Dabei werden Übereinstimmungen mit und Differenzen zu zeitgenössischen Positionen der Ethik aufgezeigt. Das so entstehende Netz von Referenzen lässt erkennen, wie eng der Glücksbegriff mit der modernen nachkantischen Ethik verwoben ist. Seels Versuch über das Glück will keine Anleitung zur Lebenskunst sein; sein Anspruch ist rein theoretisch. Allerdings besteht Theorie nicht in rationaler Begründung von Normen moralischen Handelns, sondern in lebensweltlichen Beschreibungen der moralischen Erfahrung mit einem harten Kern analytischer Begriffsklärung. Damit nähert sich Seel der Philosophie der Lebenskunst. Seine formalen Bestimmungen des Glücks lassen sich geradezu als Prolegomena zu einer materialen Ethik der Lebenskunst lesen. Im Mittelpunkt steht nicht die Bewertung von Einzelhandlungen, sondern deren Ursprung aus Überzeugungen und deren Wirkung auf die Befindlichkeiten des Menschen. Entsprechend weit fasst Seel das Subjekt des Glücks. Glück ist kein Zustand des isolierten Subjekts, wie etwa Epikur noch meinte, sondern Glück entsteht im Umgang mit anderen Menschen, ja es besteht geradezu in der Relation zu anderen Menschen. Dabei geht es nicht nur um die anderen neben mir, sondern auch und in erster Linie um den anderen in mir. Durch diese Auffassung von Subjektivität schneidet Seel zwei traditionellen Auffassungen vom Glück den Weg ab. Glück ist weder ein reines Gefühl noch ein objektiv feststehendes Ziel, sondern eine Lebensform, die sich strukturell-funktionalistisch beschreiben lässt. Das macht Glück zu einer Leistung, so dass für Seel ein glückliches Leben ein »gelingendes« Leben ist. Zum Gelingen eines Lebens gehören für Seel Selbstbestimmung und Weltoffenheit, wobei es freilich keine Garantie dafür geben kann, dass beide Momente auch tatsächlich zueinanderfinden. So gelangt Seel zu einem Glücksbegriff, den er »prozessual« nennt, wobei das Ziel nicht außerhalb des Prozesses liegt, sondern darin, den Prozess selbst in Gang zu halten. »Dieses von subjektiver Fähigkeit wie intersubjektiver und objektiver Gelegenheit gleichermaßen abhängige Gelingen« nennt Seel ein »formales Telos« und leitet daraus die Empfehlung ab: »Wer also überhaupt möchte, dass sich nicht wenige seiner Wünsche erfüllen, der sollte nach einem solchen Leben streben. Denn ein solches Leben – das *Führen* eines solchen Lebens oder aber lediglich die Teilhabe an ihm – ist die beste Form eines menschlichen Lebens.« (*Versuch*, 137)

Die formale Bestimmung des höchsten Guts, also die Formoptimierung, die Seel vornimmt, besteht in einer aufsteigenden Folge von vier Stufen der Glückserfahrung. Die erste Stufe ist die Wunscherfüllung, die Seel den teleologischen Glücksbegriff nennt. Dann folgt der erfüllte Augenblick, der den ästhetischen Glücksbegriff ausmacht. Die dritte Stufe ist die der Selbstbestimmung, die den teleologischen und den ästhetischen Aspekt verbindet und die Seel den prozessualen Glücksbegriff nennt. Die vierte und höchste Stufe schließlich liegt in gelingender Welterschließung. Gemeint ist damit die Fähigkeit, den vorgegebenen Lebensumständen Spielräume der eigenen Lebensgestaltung abzugewinnen. Seel deutet das Verhältnis von Individuum und Umwelt dynamisch als das von Frage und Antwort, so dass man von einem responsiven Glücksbegriff sprechen kann. Erst alle vier Formen des Glücks zusammengenommen machen ein Leben in seiner Gesamtheit zu einem guten Leben. Voraussetzung dafür sind nicht nur günstige Umstände und charakterliche Fähigkeiten, sondern auch der Wille, die Spielräume des Glücks zu nutzen und auszugestalten. Dabei billigt Seel der Fantasie eine zentrale Rolle als ethischer Instanz zu. Das ist natürlich kein Plädoyer für einen illusionären Glücksbegriff. Eher vertritt Seel einen fantastischen Realismus, der darin besteht, durch den Möglichkeitssinn die Wirklichkeiten, in denen wir leben, zu erschließen.

Seel begnügt sich allerdings nicht mit der Form des Glücks als Weltoffenheit. Er nennt auch Inhalte, die für ein gutes Leben zentral sein sollen: Arbeit, Interaktion, Spiel und Kontemplation. Diese Inhalte nennt er auch »Dimensionen«, um anzudeuten, dass es sich um Medien der Vergesellschaftung handelt, von denen individuelle Welterschließung und damit glückliches Leben abhängt. Allerdings bleibt es bei einer reichlich fantasielosen Auflistung von sozialverträglichen Handlungsformen, deren affirmativer Charakter unübersehbar ist. Unbeachtet bleiben damit die Formen der »Umkehr der Antriebsrichtung« wie etwa Rauschzustände durch Drogen oder sexuelle Exzesse. Zum Möglichen gehört das Unmögliche, damit es zu den Spannungen zwischen Individuum und Gesellschaft, zwischen subjektivem und objektivem Standpunkt kommt, die für das moderne Glücksverständnis konstitutiv sind. Es geht nicht darum, Spannungen auszugleichen, sondern vielmehr darum, Differenzen auszuhalten. Darin entspricht Seels Glücksethik dem dynamischen Menschenbild der Neuzeit, der Einsicht in die exzentrische Positionalität des Menschen. Glück kann demnach nicht in Seelenruhe und Angemessenheit des Verhaltens liegen, wie es den Epikureern und Stoikern vorschwebte, sondern in der individuellen Artikulation der unauflöslichen Spannung zwischen Glücksanspruch und Glückswürdigkeit, welche die Lebensform eines Menschen unverwechselbar macht.

Hinter Seels Formbegriff verbirgt sich ein ästhetischer Ansatz, der durch den »Vorrang der Moral« mehr schlecht als recht verdeckt wird. Ebenso wie sich der Allgemeinheitsanspruch eines ästhetischen Urteils nicht objektiv begründen lässt, kann der »Universalismus des Guten«, auf dem Seel besteht, seinen subjektiven Ursprung nicht verleugnen. Was Seel bei seiner formalen Rehabilitierung des Eudämonismus vorschwebt, lässt sich im Lichte des Leben-Form-Dualismus von Georg Simmel verdeutlichen, den Seel zwar nicht nennt, der aber bei seiner Verhältnisbestimmung von Glück und Moral als »unauflösliche Spannung« Pate gestanden hat. Diese Spannung hat Simmel als dialektische Wechselwirkung von Leben und Form beschrieben. Leben ist zu seiner Entfaltung auf Form angewiesen. Es muss seine Formen aber immer wieder zerbrechen, um sich neue Spielräume zu schaffen. Genau diese dialektische Bewegung ist es, die Seel im »Wie des menschlichen Wollens und Wollenkönnens« sucht: »Eine auf dieser Linie gehaltene Untersuchung führt zu einem allgemeinen Begriff des individuellen Guten« (*Versuch*, 10) – zu Georg Simmels »individuellem Gesetz«.

Aus Seels Versuch über die Form des Glücks ergeben sich keine praktischen Anleitungen, wie man sein Leben gestalten soll, wohl aber begriffliche Instrumente zum Nachdenken über das eigene Leben: »reflexiver Eudämonismus« lautet die prägnante Formel für Seels Programm des Glücks gelingender Selbstbestimmung aufgrund gelingender Welterschließung. Man könnte für diese realistische Einstellung auch das Motto aus dem konservativen Lager: »Erkenne die Lage!« einsetzen. Seel überdeckt den Konservatismus seiner Glücksethik terminologisch durch Anleihen bei der Kritischen Theorie, um den Anforderungen des modernen Egalitarismus und Universalismus moralischer Normen gerecht zu werden. Die Rede von einer »nicht-repressiven Moral« bleibt inhaltsleer, wenn sie auf die Frage hinausläuft, was »alle in ihrem eigenen Interesse wollen können und wollen sollten« (*Versuch*, 138). Das hat nur unter der illusionären Voraussetzung Sinn, dass in der Selbstreflexion Erkenntnis und Interesse eins sind. Dass dem nicht so ist, macht Seels formale Bestimmung des menschlichen Wollens und Wollenkönnens deutlich. Die Frage lautet vielmehr, was der Mensch in seinem Streben nach Glück eigentlich will, und das kann niemand im Voraus definitiv beantworten. Wenn überhaupt, muss eine Glücksethik Wege aufzeigen, wie der Mensch Klarheit über sein ihm selbst verborgenes Wollen erlangen kann. Nur wer weiß, was er eigentlich will, weiß auch, womit er leben kann. Darin liegt das Geheimnis gelingender Selbstbestimmung, an der das absolute Sollen seine Grenze findet.

Glück modern

Seels reflexiver Eudämonismus weist eine systematische Lücke auf, die durch die Rede von Leben und Lebensformen überdeckt wird. Sie betrifft den Status des Subjekts, dem das Glück eines gelingenden Lebens zuteil werden soll. Diese Lücke füllt Dieter Thomä aus. Glück im bewusstseinstheoretischen Kontext der Bildung von personaler und sozialer Identität ist Gegenstand seines Buches *Vom Glück in der Moderne* (2003). Thomä unterzieht sich der schwierigen Aufgabe, in der modernen Welt nach einem Ort des Glücks zu suchen. Glück bezieht sich für ihn immer auf eine Lebenswelt mit einem bestimmten Erfahrungshorizont. Erfahrung ist etwas anderes als die Erlebniswelt der Postmoderne. Gegenüber dem Erleben ist Erfahren stärker sachbezogen und dauerhaft, weniger emotional und punktuell. Erfahrungen muss man machen, sie sind als fortschreitender Wachstumsprozess nicht übertragbar, nicht käuflich. Entsprechend ist Glück etwas, das man nicht herstellen kann, eine unsere Fähigkeiten übersteigende Erfüllung. Die sprachliche Form, in der das Definitive des Glücks zum Ausdruck kommt, ist das Sprichwort mit seiner rückschauenden, die Erfahrung abschließenden Tendenz: »Glück und Glas, wie leicht bricht das.«

Vor diesem Hintergrund hat Thomä alle Mühe, einen der modernen Welt angemessenen Glücksbegriff zu formulieren. In unserer Welt wirklicher oder vermeintlicher Machbarkeit steht Erfahrung nicht mehr hoch im Kurs. Der von dem amerikanischen Soziologen Richard Sennett (*1943) beschriebene epochale Erfahrungsverlust hat einen neuen Menschentyp, den »flexiblen Menschen«, hervorgebracht, der nicht auf vergangene Leistungen, sondern auf potenzielle Fähigkeiten blickt. Der flexible Mensch ohne Lebensgeschichte passt genau in die Welt instabiler sozialer und schnell wechselnder ökonomischer Bedingungen. Diese Lebensform wird von den Beteiligten als Selbstbestimmung erlebt und positiv eingeschätzt. Thomä fragt nun, wie sich das moderne Konzept selbstbestimmten Lebens mit der Unverfügbarkeit des Glücks vereinbaren lässt (*Vom Glück*, 269). Als Rückzugsort bleibe dem Glück in der Moderne nur der Lebensvollzug selbst, unbeschadet der Tatsache, dass Erwartungen immer häufiger enttäuscht und Projekte immer seltener zu Ende geführt werden. Wenn das Leben in der Moderne zunehmend einer Fragmentierung unterworfen ist, dann bleibt den Menschen nichts anderes übrig, als in der Fragmentierung selbst das Glück zu finden. Wo Glück der tätigen Selbstbestimmung des Subjekts entgeht, muss der flexible Mensch seine Biografie improvisieren und daraus ein positives Lebensgefühl beziehen: »Das Glück hängt an dem Selbst, das sich dessen erfreut und damit im reinen ist, sich nicht vollends im Griff zu haben.« (*Vom Glück*, 269) Wenn die Freude an der Unverfügbarkeit nicht in der Resignation liegen soll, dann kann sie nur in der Intensität des Lebensgefühls gesucht werden, die aus der Konfrontation mit Widerständen erwächst. Das freilich setzt ein starkes Subjekt voraus und vor allem die Fähigkeit, sich selbst zu überschreiten: »Die Bereitschaft, über sich hinauszugehen, steht im Zentrum dieses Verständnisses von Identität.« (*Vom Glück*, 291) In dieser Bereitschaft sieht Thomä einen Weg zwischen einem traditionalistischen und einem autonomistischen Selbstverständnis des modernen Menschen. Dem entspricht die Haltung des Sich-selbst-Stellens, der Bereitschaft, die an das alte »Bereit sein ist alles!« erinnert.

Welche Folgerungen sich aus dieser Konzeption des Glücks für eine eudämonistische Ethik ergeben, hat Thomä in seinem Buch *Erzähle dich selbst. Lebensgeschichte als philosophisches Problem* (1998) dargelegt. Hier transformiert er den delphischen Orakelspruch »Erkenne dich selbst!« in die Empfehlung »Erzähle dich selbst«, indem er davon ausgeht, dass zwischen Erzählung und Leben eine formale Strukturaffinität besteht. So wie das menschliche Leben keine bloße Abfolge von Ereignissen ist, sondern einen Motivationszusammenhang bildet, so stellt auch die Erzählung eine Form dar, die durch ihren Zusammenhang einen Sinn erkennen lässt. Dadurch wird die Erzählung des eigenen Lebens identitätsstiftend, wobei freilich keine objektivistische Übereinstimmung von Lebensgeschichte und Person angenommen werden kann. Denn beim Erzählen der eigenen Lebensgeschichte spielen immer fiktive Momente eine Rolle. Aber die Fiktion geht nicht ins Leere oder Fantastische, sondern sie führt auf ein Daseinsbild, das dem Menschen wie ein Resümee des bisherigen Lebens als Leitbild seiner Selbst vorschwebt. Erzählung wird damit zum Medium der Konstitution des Selbst, die Thomä zwischen Selbstfindung und Selbsterfindung lokalisiert.

Das Selbstverhältnis, bei dem die Erzählung eine konstitutive Rolle spielt und das dem Glück der Identität am nächsten kommt, nennt Thomä »Selbstliebe«. Dabei entgeht ihm nicht, dass Selbstliebe als ethischer Begriff problematisch ist, da das Selbst, auf das sich die Selbstliebe bezieht, nicht eindeutig lokalisierbar ist. Denn das Bild, das sich der Mensch in der Erzählung von sich selbst macht, ist nicht identisch mit der Person, auf die sich die Selbstliebe bezieht. Ja, man könnte gegen Thomä mit Jean Paul einwenden, dass es Selbstliebe gar nicht geben kann, da es zwei Selbste geben müsste, damit das liebende nicht im geliebten Selbst aufgehe. Immerhin ist es Thomä zu danken, dass er in der Erzählung der eigenen Lebensgeschichte ein Mittel sieht, »den trüben Abgrund der Selbstliebe« (*Quintus Fixlein*, 248) aufzuhellen.

Die »Ethik der Erzählung«, die Thomä aus seinem Konzept der Selbstliebe ableitet, erinnert an die narrative Ethik in der modernen Theologie. Nicht Einzelhandlungen, sondern der ganze Mensch mit seinen Dispositionen steht auf dem Prüfstand. Hier können Beispielerzählungen den Menschen emotional berühren und motivieren, sein Leben zu ändern. Thomä überträgt dieses Konzept auf die Erzählung des eigenen Lebens, so dass der Mensch gleichsam als Beispiel seiner Selbst auftritt. Das aber bedeutet, dass die Aufforderung »Erzähle dich selbst« kein Imperativ sein kann, sondern nur eine Empfehlung, die an eine konkrete Situation gebunden ist (*Erzähle*, 259). Insofern ist die imperativische Form keine glückliche Formulierung des philosophischen Problems der Lebensgeschichte. Denn Selbstbesinnung ist eine permanente Arbeit an der eigenen Lebensgeschichte, zu der es keiner Aufforderung bedarf. Nur in bestimmten Fällen, etwa wenn jemand gescheitert ist, macht es Sinn, ihn dazu aufzufordern, in seiner eigenen Geschichte nach den Ursachen seines Scheiterns zu forschen. Das ethische Moment der Arbeit an der eigenen Geschichte liegt also in der Aufforderung zur realistischen Einschätzung der Lage.

Die Lebensgeschichte, die den Fakten immer schon ein bestimmtes Deutungsmuster unterlegt, hat nicht nur Bezug zur Vergangenheit als Korrektiv für zukünftige Entscheidungen. Auch für die Deutung in der Gegenrichtung ist sie bedeutsam. Wir sehen unsere Vergangenheit im Lichte unserer Zukunftserwartungen und Zukunftspläne. Die Selbsterzählung lebt also von der Wechselwirkung zwischen Vergangenheit und Zukunft, und bereits darin liegt ein Glücksversprechen, das zugleich eine moralische Dimension besitzt. Die Ethik der Erzählung verspricht kein Glück einer substanziellen und definitiven Identität, sondern schickt den modernen Menschen auf den langen, nicht enden wollenden Weg zu sich selbst. Hier ist der Weg das Ziel, da die Bereitschaft und Fähigkeit, auf dem Weg zu bleiben, das Glück ist, das die Erzählung der eigenen Geschichte immer neu zu artikulieren versucht. Wer seine Geschichte erzählen kann, auch wenn sie voller Brüche ist, hat sich mental bereits aus den Verstrickungen befreit und dadurch die Kontingenz besiegt. Die Ethik der Erzählung ist somit eine »Poetik« im prägnanten Sinne des Wortes, im Sinne der Vereinigung des ästhetischen Sinnes mit der praktischen Klugheit. Demgemäß kommt es darauf an, so zu handeln, dass man sich seine Lebensgeschichte ohne Reue und Scham erzählen kann. Denn so unverbunden die Einzelhandlungen im Moment auch nebeneinander stehen, sie fügen sich in Zukunft unabweisbar zu einem Lebensmuster zusammen, dem niemand entkommt. In diesem Sinne ist die Lebensgeschichte das primäre Medium der Lebenskunst, das Selbstliebe und Verantwortung sowie Glück und Moral miteinander verbindet.

Glück subjektiv

Einen neuen Weg zur eudämonistischen Ethik beschreitet Dieter Birnbacher in seiner *Philosophie des Glücks* (2005/6). Obwohl Birnbacher im Anschluss an John Stuart Mill stark psychologisch argumentiert, kann man seinen Ansatz durchaus als phänomenologisch bezeichnen, weil er davon ausgeht, wie Menschen ihr Glück erfahren. Birnbacher orientiert sich dabei am alltagssprachlichen Verständnis von Glück, das immer schon eine moralische Komponente enthält. Er weist Kants radikalen Glücksskeptizismus zurück und zeigt, dass bei aller inhaltlichen Unbestimmtheit und Beliebigkeit hinsichtlich dessen, worin Menschen ihr Glück finden, in der Glückssuche doch eine formale Gemeinsamkeit besteht. Es ist zwar nicht die Allgemeinheit rational begründbarer Handlungsnormen, aber doch eine subjektive Allgemeinheit, welche die Menschen im Sinne eines Gemeinsinns in ihrem Glücksstreben verbindet. Die subjektive Allgemeinheit der Glückssuche lässt sich nach Birnbacher mit dem Satz beschreiben, dass Glück nicht direkt das Ziel des Strebens ist, sondern sich immer nur als allgemeiner Nebeneffekt besonderer Zielsetzungen einstellt. Das gehöre zum Kern jeder Philosophie des Glücks, die es mit den Grundüberzeugungen der menschlichen Lebensführung zu tun hat und als solche jeder Normenbegründung vorausgeht.

In der Glückserfahrung unterscheidet Birnbacher zwischen episodischem und periodischem (lang anhaltendem) Glück und zeigt, wie beide Formen des Glücks relativ unabhängig nebeneinander bestehen können. Das verweist auf die Subjektivität des Glücks, die sowohl den Zustand als auch die Bewertung umfasst. Gemessen am doppelten Subjektivismus des Glücks erweisen sich nach Birnbacher drei traditionelle Glückstheorien als unzureichend: Glücksgüter, Lustgewinn und Wunscherfüllung reichen nicht aus, um das komplexe Phänomen der Glückserfahrung zu erfassen. Daher plädiert Birnbacher für eine subjektivistische Glückstheorie, die eigentlich keine neue Theorie darstellt, welche etwa erklären will, wie der Mensch zum Glück gelangt. Die Pointe von Birnbachers Philosophie des Glücks besteht in einer Neubeschreibung des zu erklärenden Phänomens. Ihr Ziel ist es, die Vertrautheit und Verlässlichkeit der menschlichen Überzeugung von der Erreichbarkeit des Glücks darzustellen, wobei Ideal und Wirklichkeit ineinanderspielen. Anders gesagt: Das Glücksstreben untersteht dem Prinzip der Evidenz, die keiner objektiven Begründung bedarf. Damit wendet sich Birnbacher gegen den sogenannten Glücksobjektivismus, der die Subjektivität durch die Einführung universaler und allgemeingültiger Werte zu stabilisieren versucht. Für Birnbacher wären das vergebliche Versuche, da es kein »wahres« oder »echtes« Glück jenseits der Glückserfahrung geben könne.

Birnbachers Glückssubjektivismus liegt auf der Linie der spätantiken Verinnerlichung des Glücks. Abweichend davon legt Birnbacher das Glück allerdings nicht auf Seelenruhe fest, sondern dehnt es auf Zustände der Erregtheit aus, wie sie die Dynamik des modernen Lebens mit sich bringt. Daraus ergibt sich ein inhaltlicher Glückspluralismus, der nichts mit Relativismus zu tun hat. Die Gefahr des Relativismus wird durch die Selbstverständlichkeit der Glücksüberzeugung gebannt, die alle Menschen verbindet, so inhaltlich verschieden ihre Glücksgüter auch sein mögen. Birnbacher vertritt damit einen realistischen Eudämonismus, für den Glück das Medium ist, in dem der Mensch direkten Zugang zu moralischen Werten hat, da diese der Glückssuche inhärent sind.

Eine überzeugende Verkörperung des doppelten Glückssubjektivismus sieht Birnbacher im Märchen von »Hans im Glück«. Er interpretiert das Märchen als Beleg für eine auf Spontaneität und Unverdrossenheit beruhende Glückserfahrung, die ohne Reflexion auskommt. Die Naivität der Glückserfahrung dürfte allerdings nur die halbe Moral der Geschichte sein. Die andere Hälfte verweist auf die Unbedarftheit eines Menschen, der nicht mitbekommt, welchen Preis er für sein Glückserleben in dieser Welt bezahlen muss. Insofern ist es mit der »Bewertungssouveränität« nicht so weit her, wie Birnbacher glauben machen möchte. Hier stößt der Glückssubjektivismus an seine Grenzen, die darin liegen, dass subjektives Glück zur Entfremdung führen kann. Ebenso wie objektive Güter nicht unbegrenzt in den Lebensvollzug integrierbar sind, können zu viele Glücksgefühle zur Glücksüberflutung führen. Dieses Phänomen ist für die postindustriellen Erlebnisgesellschaften charakteristisch, die durch ihr Überangebot an Glückserfahrungen einen kollektiven Wahn erzeugen, der die Menschen manipulierbar macht und den Gesetzen des Marktes unterwirft, indem er Glück auf »Spaß haben« und »sich wohlfühlen« reduziert. Das Resultat hat Robert Musil in seinem Roman *Der Mann ohne Eigenschaften* als »eine Welt [...] von Erlebnissen ohne den, der sie erlebt« (150), beschrieben. Allerdings wird der Verlust des Selbst von den Beteiligten kaum als solcher erfahren. Unkontrolliertes Ausagieren widerstreitender Gefühle erzeugt einen Zustand intensiven Selbstgefühls, der das Realitätsprinzip ausschaltet. Statt sein Leben an den Folgen der eigenen Entscheidungen zu messen, gerät der Mensch auf der Suche nach dem subjektiven Glück gleichsam ins eigene Leben hinein und gelangt in unbekannte Gewässer. In Begriffen der Kriegskunst ausgedrückt: Dem derzeit dominierenden Emotivismus mangelt es an einem Sinn für die Folgen. Ohne sich vorher Gedanken zu machen, begibt sich das Individuum auf das Schlachtfeld seiner Gefühle, auf dem es fast immer Verlierer gibt. »Das habe ich nicht gewollt« und »Es tut mir leid« lauten die stereotypen Entschuldigungsformeln – als sei mit der Attitüde der Zerknirschung der Mangel an Rücksichtnahme entschuldigt.

Spätromantischer Okkasionalismus

Gegenüber der antiken Philosophie der Lebenskunst, die mit einem allgemein gültigen Glücksbegriff arbeitet und mit Anweisungen zum Glücklichsein aufwartet, gibt sich die moderne Philosophie des Glücks bescheidener. Jeder müsse seinen Weg zum Glück selbst finden, die philosophische Ethik könne allenfalls darin bestehen, durch Begriffsklärungen alle Wege dahin offenzuhalten. So begrüßenswert diese Zurückhaltung im Vergleich mit überzogenen normativen Ansprüchen auch sein mag, sie unterschätzt die Verführungen, die im radikalen Glückssubjektivismus liegen. Die Evidenz subjektiver Glückserfahrung lässt ein Zuviel an Glück zu, welches die Freiheit der Zwecksetzung einschränkt. Die hellenistische Lebenskunst zielt auf Vergleichgültigung der äußeren Welt, deren Güter unverfügbar sind. In der modernen Ökonomie des Überflusses wird den Menschen die unbeschränkte Verfügbarkeit von Glücksgütern suggeriert, was dazu führt, dass die Konsumenten in ihrem Glückskonsum nicht bemerken, wie sie von außen gesteuert werden. So verkommt Lebenskunst zu einem Glücksspiel, bei dem immer nur die Bank gewinnt.

Der Glückssubjektivismus bietet also nicht den Schutz vor fremden Wertsetzungen, den die zeitgenössischen Glücksphilosophien dem Menschen versprechen. Hier sind dann doch Wege der Selbsterfahrung gefragt, die über den »romantischen Okkasionalismus«, alles Gegebene als Anlässe zum Selbstgenuss zu nehmen, hinausführen und die im Subjekt liegenden Möglichkeiten der Objektivierung des Glücks aufzeigen. So bleibt es auch nach der postmodernen Subjektivierung des Glücks die Aufgabe der philosophischen Lebenskunst, den Menschen auf dem langen Weg zu sich selbst mit Modellen vertraut zu machen, die das Objektive und das Subjektive in ihrer dialektischen Bewegung beschreiben. Glück ist mehr als Nähe zu sich selbst. »Nähe durch Distanz« lautet vielmehr die Formel, die Selbstfindung und Selbstformung zu einem glücklichen Leben verbindet.

9. Interkulturelle Philosophie der Lebenskunst

Im Zeitalter der Globalisierung und der Entstehung multikultureller Gesellschaften kann die Philosophie der Lebenskunst sich nicht auf die europäische bzw. westliche Tradition der Ethik beschränken. Zunehmend treten außereuropäische Lebensformen und Weltanschauungen als ernst zu nehmende Alternativen auf, die eine intensive Auseinandersetzung erfordern und die Suche nach Synthesen ermöglichen. Der Dialog der Kulturen ist auf theoretischer Ebene bereits in vollem Gange. Drängender und schwieriger aber wird interkulturelle Philosophie dort, wo es um die Praxis des Zusammenlebens geht. Hier ist eine interkulturelle Philosophie der Lebenskunst gefordert, die sich auch und gerade dann zu bewähren hat, wenn grundbegriffliche Differenzen bestehen bleiben und die Erfahrung der Fremdheit im zwischenmenschlichen Verkehr nicht überwunden werden kann. Theorie und Praxis interkultureller Lebenskunst beeinflussen sich natürlich gegenseitig. Aber zur besseren Orientierung ist es sinnvoll, zunächst die theoretische Seite zu betrachten.

Vom Mythos zum Logos – und zurück

Der Vergleich mit außereuropäischen Kulturen lässt keinen Zweifel daran, dass die europäische Idee von Philosophie und speziell von Ethik eine Sonderstellung einnimmt. Sie ergibt sich aus dem griechischen Logos, der die Reflexion über die Welt streng definierten Kategorien und Formen der Begründung unterwirft. Die Idee der Philosophie als strenge Wissenschaft findet auch Anwendung in der Ethik, die in der griechischen Klassik mit dem Anspruch auf rational begründete Normen des Handelns auftritt. Demgegenüber spielt die Lebenskunst als angewandte Ethik eine untergeordnete Rolle. Ihre Aufwertung im Sinne des Primats der praktischen Philosophie erfolgt erst im Hellenismus und trägt den Charakter einer Spätform.

Ein Vergleich mit orientalischen und ostasiatischen Hochkulturen ergibt das folgende idealtypische Bild: Philosophie tritt primär als Weisheitslehre, als »Weltweisheit« auf, wobei der Weltbegriff sich im geschlossenen Horizont des Kulturkreises bewegt. Darüber hinaus gibt es keine rein formal begründete Ethik, die mit einem universalen Geltungsanspruch auftritt. Der Grund für die kulturelle Verankerung der Weisheitslehren liegt darin, dass die außereuropäischen Metaphysiken nicht durch den Logos hindurchgegangen sind, weshalb sie auch keine strenge Trennung zwischen Philosophie und Religion kennen. Kurzum: Was den außereuropäischen Weisheitslehren fehlt, ist die Aufklärung, die bei Platon mit der Begriffsklärung beginnt und in Kants Vernunftkritik ihren Höhepunkt gefunden hat.

Diese pauschale Gegenüberstellung hat, wie gesagt, idealtypischen Charakter und will nicht als Wertung verstanden werden. Denn wenn auch die implizite Metaphysik der außereuropäischen Weisheitslehren nicht die begriffliche Klarheit der griechischen Logik erreicht, so schließt das eine intuitive und gleichermaßen weitreichende Erfassung menschlicher Grunderfahrungen nicht aus. Auf dem Gebiet praktischer Lebensführung sind insbesondere ostasiatische Weisheitslehren psychologisch und pragmatisch der europäischen Lebenskunst überlegen, was auch die Neigung westlicher Intellektueller begründet, sich asiatischen Lebenskunstpraktiken zuzuwenden, die nicht immer als Flucht vor der Wirklichkeit angesehen werden muss. Es bleibt aber fraglich, ob man daraus die Folgerung ziehen kann, auch in der Philosophie zähle Europa nur noch als eine Stimme in der Vielfalt der Kulturen.

Rationalität und Subjektivität

Die Möglichkeit einer interkulturellen Philosophie der Lebenskunst kommt ohne die Klärung zweier Grundbegriffe nicht aus: Rationalität und Subjektivität. Anders als die europäische Tradition, deren Philosophieren auch im Bereich der Praxis argumentativ auf Wissen als »gerechtfertigte wahre Überzeugung« ausgerichtet ist und dabei zwischen deskriptiven und normativen Wahrheiten unterscheidet, begreifen außereuropäische Weisheitslehren Rationalität als intuitive und kontextuell gebundene Evidenz. Das aber macht einen interkulturellen Dialog schwierig; es sei denn, man begreift ihn postmodern als Spiel mit lebensweltlichen Evidenzen oder transkulturell als Hoffnung auf das Aufscheinen einer neuen, noch unbekannten Form von emotionaler Erleuchtung, die alle Menschen in einem »ozeanischen Gefühl« verbindet.

Unter dem Dach einer kriterienlosen Rationalität bekommt auch die Subjektivität eine andere, von der europäischen Subjektphilosophie unterschiedene Bedeutung. Das griechische Ideal der Selbstbehauptung setzt eine Form der Selbsterkenntnis voraus, die über die Versenkung in das eigene Innere hinausgeht und vom Einzelnen eine kritische Selbstprüfung erfordert. Die Steigerung dieses Selbstverständnisses durch die neuzeitliche Selbstreflexion hat einen Begriff von Autonomie erzeugt, dem zufolge die Menschen nur dadurch zusammengehören, dass sie, in strenger Distanz verharrend, sich im Anderen und den Anderen in sich reflektieren. Diese Steigerung der Selbstreflexion, die dem Universalismus der Vernunftethik zugrunde liegt, ist der Subjektivität in außereuropäischen Kulturen nicht geläufig. Die Wendung in die Innerlichkeit, von der die Weisheitslehren sprechen, führt zu einer Depotenzierung des Ich, sei es in Form der Teilhabe an einer geschlossenen Lebensgemeinschaft oder in Form des »Einschwingens« in einen Zustand der Passivität. Vor diesem Hintergrund erhalten Begriffe wie Tugend, Menschenliebe usw. in den östlichen Weisheitslehren einen anderen Sinn als in der europäischen Philosophie der Lebenskunst. Mit dieser Sinnverschiebung ändern sich auch die Praktiken, die nur von ihrem Sitz im Leben her verständlich werden. Nicht zufällig bildet die von der europäischen Philosophie entwickelte Idee der Menschenrechte die Grenzlinie, an der sich der Pluralismus der Lebensformen bricht.

Wie die Chancen für eine interkulturelle Philosophie der Lebenskunst stehen, soll im Folgenden an zwei Kulturkreisen demonstriert werden – dem indischen und dem chinesischen. Natürlich kann die Darstellung in diesem Rahmen nicht alle Anforderungen einer vergleichenden Kulturwissenschaft erfüllen. Dazu bedürfte es einer weit ausholenden Berücksichtigung der geistesgeschichtlichen Entwicklung beider Kulturen. Wir beschränken uns hier auf Beispiele aus dem engeren Kreis der Lebenskunst, sofern sie in Europa wirksam geworden sind und Perspektiven für einen zukünftigen Dialog der Kulturen erkennen lassen. Dabei ist es sicherlich ein Gebot kulturpolitischer Klugheit, den Hegemonieanspruch westlichen Denkens durch eine Entkolonialisierung der Begriffe aufzugeben. Aber das darf nicht auf einen Verzicht anthropologisch fundierter Geltungsansprüche hinauslaufen, der allen Kulturen, der europäischen wie den außereuropäischen, ihre Daseinsberechtigung nehmen würde. Auch und gerade in der Philosophie der Lebenskunst würde der zu Ende gedachte Relativismus dazu führen, dass sich das Leben Regeln einer Kunst unterwirft, die nichts mehr mit den Wirklichkeiten, in denen die Menschen leben, zu tun hat.

Chinesische Weltweisheit

Die chinesische Philosophie der Lebenskunst hat ihren Ursprung in einem Orakelbuch, das zu den ältesten Büchern vorwissenschaftlicher Welterklärung gehört. Es ist das *I Ging*, das Buch der Wandlungen, das die Einheit des Kosmos aus der Kombination von acht Urzeichen wie Himmel, Erde, Wasser, Berg usw. ableitet. Durch die paarweise Verbindung der acht Zeichen entstehen 64 Hexagramme, von denen jedes auf eine bestimmte Situation des Lebens verweist. Aus zwei deutlich voneinander abweichenden Interpretationen dieses Orakelbuchs – durch Konfuzius (551–479 v.Chr.) und Laotse (ca. 6. Jh. v. Chr.) – sind die beiden Hauptströmungen des chinesischen Geisteslebens entstanden. Der Konfuzianismus, der lange Zeit Staatsdoktrin war, bestimmt bis heute die Sozialethik der Chinesen. Die Schriften des Konfuzius und seiner Anhänger enthalten in sentenzenhafter Form Anweisungen, wie Regierende und Regierte sich zu verhalten haben, um persönliches Wohlergehen und das Wohl des Staates miteinander in Einklang zu bringen. Zentral ist der Gedanke der inneren Bildung der Person als Voraussetzung für die Gerechtigkeit der sozialen Ordnung. Das Konzept der inneren Bildung, das für das Selbstverständnis der Persönlichkeit zentral ist, fußt auf sozialpsychologischen Einsichten wie der folgenden aus den *Annalen*, Buch I, 16: VERKANNTSEIN UND KENNEN: »Ich bin nicht betrübt darüber, dass die Menschen mich nicht kennen, sondern ich bin darüber betrübt, dass ich die Menschen nicht kenne.« (*Gespräche*, 7). So kann man die konfuzianischen Schriften als ostasiatische Tugendlehre bezeichnen, wobei im Unterschied zum griechischen Tugendkatalog im Konfuzianismus Gehorsam gegenüber den Herrschenden, Respekt vor den Alten und permanente Selbstprüfung die Leitwerte bilden.

Bei aller Übereinstimmung mit der antiken Tugendethik besteht doch ein fundamentaler Unterschied im Welt- und Menschenbild, der bislang alle Versuche einer Synthese vereitelt hat. Das belegen die Bemühungen des bekannten Philosophen der Wilhelminischen Zeit, Rudolf Eucken, der im Jahre 1922 in seinem Buch *Das Lebensproblem in China und Europa* zu dem Schluss kommt, dass die konfuzianische Ethik den Anschluss an die Dynamik der offenen Gesellschaften des Westens noch nicht gefunden habe. Das hat sich heute mit dem Einzug des Kapitalismus geändert, aber noch immer gilt das konfuzianische Ideal von Maß und Mitte, das es dem modernen Chinesen ermöglicht, durch rituelle Befolgung von Verhaltensregeln den »großen Sprung« zu meistern. Der Einzelne begreift sich auch heute nicht als Individuum, das sein Leben frei gestalten kann, sondern als Mitgestalter einer Ordnung, welche die Kluft zwischen Herkunft und Zukunft durch Ritualisierung überbrückt. Hier liegt die Stärke der chinesischen Lebenskunst, die keinen Wert auf psychologische Innenschau legt, sondern auf eine Einheit von Individuum und Gesellschaft abzielt, die nur durch lebenslanges Lernen erreicht werden kann. Diese geistige Haltung ist für den westlichen Subjektivismus nur schwer verständlich, erzeugt aber eine innere Festigkeit, die den konfuzianischen Geistesadel ausmacht. Der »Edle« muss aus seiner Lebensform die Kräfte schöpfen, die ihn befähigen, gegenüber seinen Nächsten gütig zu sein. Die Gütigkeit ist ein Ideal, das in mancher Hinsicht an das antike Tugendideal erinnert – freilich ohne die Ideenlehre, die mit der chinesischen Metaphysik der Einheit von Seiendem und Nichtseiendem nicht vergleichbar ist.

Die westlichen Intellektuellen haben im 20. Jahrhundert den Anschluss an die Lebensweisheit nicht im Konfuzianismus gesucht, sondern bei Laotse. Sein Buch *Vom Sinn und Leben* (*Tao Te King*) hat durch die deutsche Übersetzung von Richard Wilhelm eine »eurotaoistische« Philosophie der Lebenskunst in Gang gesetzt. Laotses Lebensweisheit unterscheidet sich von den konfuzianischen Schriften sowohl stilistisch als auch inhaltlich. Sie enthält keine Sentenzen und Maximen, sondern kurze Betrachtungen über Ursprung und Ziel des Lebens. Die Sittlichkeit erreicht nach Laotse ihre Vollendung im Nichthandeln oder »Nichtsmachen« als Lebensform, die dem Nicht-Sein als höchster Denkform entspricht. Im Nichthandeln liegt die nachhaltigste Form der Wirkung auf die Gesellschaft. In diesem Lebenskunstkonzept sind Affinitäten zum Buddhismus erkennbar, die Laotse für die Kritiker des westlichen Rationalismus bis heute attraktiv machen. Allerdings ist gegenüber einer Vereinnahmung Laotses durch spiritualistische Strömungen der Gegenwart Vorsicht geboten. Denn so spirituell seine Texte sich auch geben, so sehr dunkle Passagen an mystische Schau erinnern, Laotses Lebenseinstellung bleibt durchaus am Diesseits orientiert. Er verbindet das Gute immer mit dem Nützlichen. Darin unterscheidet er sich nicht grundsätzlich von Konfuzius. Die Lebenskunst beider ist optimistisch, sie zielt auf eine freudige Annahme des dauernden Fluxus, der vom Menschen Flexibilität im Verhalten fordert.

Das richtige Urteil über die sich dauernd wandelnde Ordnung der Güter setzt ein Rationalitätskonzept voraus, das nicht wie jenes des Westens zwischen Vernunftwahrheit und Tatsachenwahrheiten, zwischen Theorie und Praxis unterscheidet. Ob man daraus die Folgerung ziehen kann, es gebe keine chinesische Philosophie, bleibe dahingestellt. Unbestritten aber ist, dass die altchinesische Weisheitslehre nicht auf der Stufe des Mythos verharrt. Allerdings sind ihre Argumentationssysteme nicht wie in

Griechenland durch die strenge Schule der formalen Logik gegangen. Ihre Begriffe ergeben sich induktiv aus der Zusammenschau lebensweltlicher Phänomene, so dass Philosophie primär als Lebensform auftritt, darin durchaus der antiken Lebenskunst vergleichbar.

Wissen bleibt immer auf das Leben bezogen und berücksichtigt damit die rational unauflösbaren Sinnbedürfnisse des Menschen. Vielleicht sollte man von einem Intuitionismus der chinesischen Lebenskunst sprechen, zu dessen Ausdruck die ästhetische Form gehört. So geht es Laotse weniger darum, Glück und Tugend zu verbinden, als vielmehr darum, das Gute im Schönen zu finden – und umgekehrt das Schöne im Guten. Die Verbindung des Schönen mit dem Guten zeichnet den Weisen aus, der am stärksten dadurch auf die Menschen wirkt, dass er sich aus den Geschäften der Welt zurückzieht. So erzählt eine Sage, dass Laotse angesichts der zerrütteten gesellschaftlichen Verhältnisse auf einem schwarzen Büffel gen Westen geritten sei – gen Westen, also nach Indien, dem Land, in dem Buddha zu Hause ist.

Indische Lebenskunst

Indien ist der zweite große Kulturkreis, in dem die ostasiatische Lebenskunst zu hoher Blüte gelangt ist. Als Beispiele seien zwei Texte genannt, deren Auswahl und Zusammenstellung aus dem historischen Kontext kaum zu rechtfertigen ist, die aber im Hinblick auf ihre europäische Rezeption für die Idee interkultureller Philosophie paradigmatisch sind: das *Kama Sutra* (zwischen 4. und 6. Jahrhundert) des Vatsyayana und die *Logik der Liebe* (1968) des 14. Dalai Lama. Beide Texte stellen gemäß der tantrischen Tradition die Liebe als Kunst dar und begreifen die Liebeskunst als Grundlage der Lebenskunst. Darin liefern sie ein Ge-

genbild zur griechisch-römischen Antike, die den göttlichen Eros von der geschlechtlichen Liebe weitgehend abkoppelt. Wo, wie in der *Liebeskunst* Ovids, die geschlechtliche Liebe doch zum Thema wird, wird sie in frivoler und satirischer Form dargestellt. Dagegen ist die sinnliche Liebe in der buddhistischen Tradition ein ernstes Spiel, dessen ritualisierte Beherrschung die Menschen in die Geheimnisse der Weltordnung einweiht.

Das *Kama Sutra* gehört zu den Shastras, den indischen Lehrbüchern für ganz verschiedene Lebensgebiete. Die Shastras sind in Sutras geschrieben, kurze belehrende Gedichte, die man als gereimte Aphorismen bezeichnen könnte. Der Gegenstand des *Kama Sutra* ist das Karma, das im Sanskrit Lust oder Vergnügen bedeutet, wobei die körperlichen Empfindungen im Mittelpunkt stehen. Karma ist ein Ziel des Hindu-Lebens, darf aber nicht isoliert genommen werden, sondern immer in Verbindung mit zwei anderen, dem Dharma und dem Artha. Dharma heißt so viel wie religiöse, moralische und gesellschaftliche Pflicht, Artha bedeutet die Pflicht, irdische Güter zu erlangen, zu denen neben Reichtum auch handwerkliche Fähigkeiten und Gelehrsamkeit gehören. Karma, Artha und Dharma sollen miteinander harmonieren, keines darf das andere überschatten. In Verbindung mit Artha und Dharma wird deutlich, dass das *Kama Sutra* keine bloße Anleitung ist, wie man sich Lust, insbesondere sexuelle Lust verschafft. Mit der Lustpraxis ist ein Moment der Pflichterfüllung verbunden, weil die Form höher geschätzt wird als der Inhalt. Das macht das *Kama Sutra* zu einem Lehrbuch der Moral.

Die populäre Rezeption des *Kama Sutra* im Westen hat sich auf die detaillierten Beschreibungen der verschiedenen Stellungen beim Geschlechtsakt konzentriert und dabei übersehen, dass das Buch die Lebensführung des Menschen im Ganzen behandelt. Es gibt Kriterien für die Auswahl von Freunden und anderen sozialen Beziehungen, nennt wünschenswerte Eigenschaften der

Ehegatten für ein harmonisches Familienleben und gibt Anleitungen, wie man seine berufliche Tätigkeit und seine gesellschaftliche Rolle sozialverträglich ausfüllt. In der Breite der Themen und der moralischen Absicht ist das *Kama Sutra* durchaus mit dem »Knigge« vergleichbar – und zwar vergleichbar insbesondere darin, dass Verhaltensformen nicht nur moralisch indifferente Äußerlichkeiten sind, sondern eine innere Einstellung erzeugen, die sich ohne äußere Stützen nicht aufrechterhalten lässt. Damit bildet das *Kama Sutra* eine klare Alternative zur westlichen Gefühlsethik, die Moralität mit Innerlichkeit verbindet. Nicht dass im Kama Sutra die Gefühle keine Rolle spielten, aber sie sind an Kodierungen gebunden, die für unser romantisches Verständnis von Liebe kalt und technisch erscheinen. Hier liegt allerdings ein romantisches Missverständnis vor, weil westliche Leser mit der rituellen Semantik tantrischer Körperausstattung und Körperbeherrschung nicht vertraut sind.

Die zu Missverständnissen Anlass gebende Fremdheit der indischen Liebeskunst macht das *Kama Sutra* für eine interkulturelle Philosophie der Lebenskunst zu einem interessanten Referenztext. Die postmoderne Kodierung der Intimität, die stark auf Körperkult und Körperdarstellung ausgerichtet ist, wird von der konservativen Kulturkritik als Verlust der Innerlichkeit beklagt. Aus der Perspektive des *Kama Sutra* aber verschiebt sich der Bewertungsmaßstab. Die Ausbildung äußerer Formen erzeugt eine neue Art von Gefühlen, die man Reflexionsgefühle nennen kann und die dauerhafter und zuverlässiger sind als die leidenschaftlichen Aufwallungen romantischer Liebe. Es mutet wie eine Ironie der Geschichte an, dass im modernen Indien von der alten Liebeskunst wenig geblieben ist. Die boomende »Bollywood«-Filmindustrie füttert die indischen Konsumenten mit rührseligen und schmalzigen Liebesgeschichten im Stile von Hedwig Courths-Mahler. So bleibt nur zu hoffen, dass auf dem Umweg über eine angemessene Rezeption des *Kama Sutra* die erotische Kultur in ihr Ursprungsland reimportiert wird.

Während das hinduistische *Kama Sutra* in Europa meist pornografisch missdeutet wurde, haben buddhistische Schriften ein tieferes Verständnis gefunden. Das beginnt mit Arthur Schopenhauer, dessen Mitleidsethik auf die Lehre von der Einheit aller Kreaturen zurückgeht. Seither hat indische Lebensweisheit als Weg zur Überwindung des Egoismus durch Praktiken des Innehaltens in mehreren Wellen die zivilisationsmüden Menschen der westlichen Industrienationen angezogen. In diesen Kontext sind auch die vom 14. Dalai Lama verkündeten Lehren des tibetischen Buddhismus einzuordnen. Dieser wendet sich offenkundig an ein spezifisch westliches Publikum und versucht, genuin buddhistische Vorstellungen und Praktiken an den Erfahrungshorizont des Westens anzuschließen. Die Umkehr der Richtung ist für eine interkulturelle Philosophie der Lebenskunst insofern lehrreich, als sie die Grenzen der Übertragbarkeit kultureller Grundeinstellungen erkennen lässt. Denn durch die Angleichung an westliche Lebensformen verlieren die buddhistischen Lehren des Dalai Lama einiges von ihrem kulturellen Profil. Die hoch spekulative Idee vom Selbst im Anderen wird zu einem unbestimmten Humanismus der Gewaltlosigkeit und Solidarität, der durch die Praxis allerdings häufig dementiert wird. So ist kaum ein Unterschied zwischen dem Dalai Lama und Albert Schweitzer erkennbar, welche als Leitfiguren einer besseren Welt die von der Moderne geplagten Intellektuellen begeistern, sie aber bestenfalls zu »Aussteigern« machen. So können die Schriften und das Auftreten des derzeitigen Dalai Lama nur mit Vorsicht als Vorbilder für eine interkulturelle Philosophie der Lebenskunst angesehen werden.

Die Vielheit der Kulturen und die Einheit der Lebenskunst

Die Beispiele ostasiatischer Weltweisheit lassen erkennen, vor welchen Problemen die Lebenskunst im Zeitalter der Globalisierung steht. Heute geht es um das Problem, wie sich die Vielheit kultureller Werte mit universalen Normen des Handelns, die in den Menschenrechten formuliert sind, verbinden lässt. Der Kulturphilosoph Erich Rothacker (1888-1965) geht in seiner Schrift *Probleme der Kulturanthropologie* (1965) vom Menschen als schöpferisch handelndem Wesen aus, das vor der Aufgabe steht, bestimmte Situationen oder Lagen selbst zu meistern. In diesem elementaren Sinne entwickelt jede Kultur eine eigene Lebenstechnik, zu der bestimmte Wertvorstellungen gehören. Man kann also bei der Betrachtung der Kulturen nicht von einem universalen Wertekanon ausgehen, sondern Werte sind Resultate schöpferischer Entscheidungen. Die Menschen können nicht zwischen beliebig vielen Möglichkeiten wählen, wie die Selbstverwirklichungsutopie heute glauben machen will. Dies mag dem Anschein nach für das virtuelle Leben im multimedialen »Pluriversum« zutreffen, nicht aber für das wirkliche Leben. Die hier gefragten Entscheidungen erfolgen immer zwischen zwei Polen: entweder weitermachen wie bisher oder neue Wege gehen.

Rothacker hebt hervor, dass es kulturanthropologisch nicht nur darauf ankommt, ob Entscheidungen zu dem von den Akteuren gesetzten Ziel führen, sondern auch und vor allem, wie die Aktionen das Selbstverständnis beeinflussen. Er unterscheidet Gesetze des Handelns von denen des Reifens und Wachsens, die letztlich darüber entscheiden, ob eine Kultur in Konkurrenz mit den anderen bestehen kann. Handlung und Haltung stehen in Wechselwirkung zueinander, wobei unter »Haltung« nicht nur die äußerliche Form des Verhaltens, sondern eine Überzeugung zu verstehen ist. Überzeugung ist im Unterschied zur bloßen Meinung stets mit einer reflektierten Handlungsmotivation verbunden und mit der Bereitschaft, im Lebensvollzug Opfer zu bringen. Das Verhältnis von Einheit und Mannigfaltigkeit der Kulturen hängt nach Rothacker davon ab, ob es zu einer schöpferischen Synthese zwischen Universalität und Partikularität kommt, die als zwei widerstreitende Tendenzen für die Entwicklung jeder Kultur fundamental sind. Die Polaritätsgesetze prägen die unterschiedlichen kulturellen Lebensstile, an denen sich die individuelle Lebenskunst zu orientieren hat.

Mit dieser Problematik war schon das 18. Jahrhundert konfrontiert, als es darum ging, den Wahrheitsanspruch verschiedener Religionen in der Praxis zum Ausgleich zu bringen. Der prominenteste Lösungsversuch stammt von Gotthold Ephraim Lessing, der in seinem Drama *Nathan der Weise* die berühmte Ringparabel erzählt. Jeder der Ringe symbolisiert eine der großen monotheistischen Religionen. Da sich ihre Wahrheit nicht argumentativ begründen lässt, muss man beachten, wie sich die Dogmen auf das Zusammenleben der Menschen auswirken. Lessing entwickelt also mit der Ringparabel eine Gebrauchstheorie der Wahrheit. Dabei gelten für das Zusammenleben Standards, die sich direkt an der Erfahrung überprüfen lassen. Das Gebot der Toleranz beinhaltet keinen prinzipienlosen Relativismus, sondern ist von der von allgemeinen Übereinstimmung darüber getragen, welche Handlungsweisen das Zusammenleben erträglich machen. Man braucht Lessings Überhöhung dieses pragmatischen Ansatzes zu einem optimistischen Geschichtsvertrauen nicht zu teilen, um zu erkennen, dass die lebensweltliche Praxis mehr ist als ein unverbindliches Rollenspiel, welches den Kern der Person unberührt lässt.

Dem Problem des Relativismus begegnet Rothacker geschichtsphilosophisch mit der Annahme einer Entwicklungslogik, die menschliches Handeln zu immer umfassenderen, sachlich bedingten Einheiten führen wird. Jürgen Habermas hat das kulturanthropologische Konzept Rothackers weitergeführt und auf die Formel von der »Einheit der Vernunft in der Vielheit ihrer Stimmen« gebracht (*Nachmetaphysisches Denken*, 153). Die Frage ist freilich, was unter einer einheitlichen Vernunft zu verstehen ist. Sie umfasst offenbar mehr als die reine Begründungsrationalität, auch wenn diese kommunikativ ausgelegt wird. Vielmehr ist bei aller Verschiedenheit kultureller Kodierungen von einer einzigen Erfahrungswirklichkeit auszugehen, deren Faktizität unumstößlich ist. Das hat schon Edmund Husserl getan, der bei aller Betonung der Subjektivität der Erfahrung erklärt, dass für die Lebenswelt der Plural sinnlos sei (*Hua.* VI, 146): Die Vielheit der Kulturen liege in der Mannigfaltigkeit der Artikulationen, in denen sich die Lebenswelt als allen Menschen vorgegebener Hintergrund ihrer Überzeugungen zur Erscheinung bringt. So wie für die Lebenswelt ein Plural sinnlos ist, kann es auch nur eine philosophische Lebenskunst geben. Sie zielt darauf ab, die Bedingungen zu schaffen, unter denen alle Menschen die Freiheit besitzen, sich Zwecke zu setzen und ihr Leben eigenverantwortlich zu gestalten. So mag die Berufung auf »die Menschheit« eine »fixe Idee« sein, wie etwa die Phänomenologie der Fremdheit von Bernhard Waldenfels behauptet (*Fremdheit*, 16). Aber hinter der Menschheit steht die Menschlichkeit, die alle Menschen in ihrer Kreatürlichkeit und Endlichkeit basisanthropologisch verbindet. Hier liegt der Fels, auf dem eine interkulturelle Philosophie der Lebenskunst aufbauen muss, um sich nicht in ein unbestimmtes »Ethos der Pluralität« aufzulösen.

Praxis multikultureller Lebenskunst

Die Praxis multikultureller Gesellschaften, in denen Menschen verschiedener Herkunft mehr oder weniger gleichberechtigt zusammenleben und Familien bilden, stellt die Philosophie der Lebenskunst vor Probleme, die methodisch einen Rückgang auf die Phänomenologie der Lebenswelt unabweisbar machen. Gefordert ist primär beobachtende Vernunft, welche die Verhaltensmechanismen freilegt, die sich in der Begegnung mit dem radikal Fremden ausbilden. Auf ideologischer Ebene mag ein Ausgleich verschiedener Grundüberzeugungen auf lange Sicht gefunden werden. Aber wie sieht es im Hier und Jetzt des Nahbereichs aus? Kann die Philosophie der Lebenskunst einen Beitrag zur Lösung der Integrationsproblematik leisten? Lassen sich Differenzen im Lebensstil ausklammern, wenn sie den Kern der Person treffen, ihre moralische Überzeugung und das darauf ruhende Selbstwertgefühl?

So stellt sich die Frage, ob sich die kulturellen Strukturgesetze auf das individuelle Leben übertragen lassen und was daraus im Zeitalter der Globalisierung für die Möglichkeit einer philosophischen Lebenskunst folgt. Wenn sich nach Meinung der Soziologen Globalisierung und Individualisierung wechselseitig bedingen, so scheint ein ethischer Pluralismus unausweichlich zu sein. Sicherlich erfordert Lebenskunst soziale Kompetenz, die darin besteht, auch kulturell bedingte Differenzen in den Überzeugungen auszuhalten. Dabei sind nicht alle Differenzen für das Zusammenleben von gleichem Gewicht. Differenzen des Glaubens wiegen schwerer als Differenzen des Geschmacks. Subjektiv mögen alle Haltungen gleichwertig sein, aber objektiv gibt es Grenzen. Was geschieht beispielsweise, wenn man mit jemandem zusammenleben will, der durch eine theokratisch geprägte Kultur die Überzeugung vertritt, dass sich das Individuum den

Glaubenssätzen bedingungslos zu unterwerfen habe? Die Technik des Ausklammerns funktioniert nur bedingt, wo es um enges und intimes Zusammenleben geht und damit der ganze Mensch mit seinen Wünschen und Überzeugungen ins Spiel kommt. Lebenskunst lässt sich nicht funktionalistisch reduzieren, und auf diese Lage muss eine interkulturelle Philosophie der Lebenskunst reagieren.

Wenn die Philosophie der Lebenskunst sich am »gelingenden Leben« als Zielvorstellung orientiert, so kann es sich nicht um ein Leben handeln, in dem die globale »Vielheitslust« – wie Wolfgang Welsch sich ausdrückt – kriterienlos ausgelebt wird. Abgesehen davon, dass die globale Individualisierung zu einer beispiellosen Uniformisierung im Konsum und in der Mode geführt hat, ist Vielheit der Lebensformen auch als Ideal nur innerhalb der Grenzen eines klaren Begriffs vom Wert des Lebens sinnvoll: nicht des sogenannten »freien Lebens«, sondern eines Lebens, in dem man frei seine Überzeugung, wie es in der Welt zugehen sollte, artikulieren kann. Dabei wird es immer Konflikte mit anderen Überzeugungen geben, die auszuagieren Toleranz fordert. Toleranz darf jedoch nicht dazu führen, dass man seiner Überzeugung abschwört. Zur Bewahrung der Überzeugung gehört auf der anderen Seite, die eigenen Wertsetzungen zu überprüfen.

Lebenswerte haben wie alle Werte ihren Grund nicht in logischer Widerspruchsfreiheit, sondern im Streben nach Glück, welches Rücksichtnahme auf die Freiheit der Zwecksetzung anderer impliziert. Denn moralische Überzeugung lebt von der Freiheit, sich überhaupt Zwecke zu setzen. Genau das heißt menschlich leben und sein Leben führen. Wo diese Freiheit durch dogmatische Wertsetzungen bedroht ist, hört die Gleichwertigkeit der Kulturen auf. Werte wandeln sich, aber das allen Werten zugrunde liegende »Prinzip Leben« ist kulturinvariant. Darin liegt der unveränderliche Kern, der bei allen Differenzen in materialen Wertsetzungen erhalten bleibt. Philosophie der Lebenskunst ist demnach mehr als Anleitung zu sozialer Kompetenz, sie hilft dem Menschen, sich darüber klar zu werden, was man in seinem Streben nach Glück »eigentlich will«.

So nötig und schöpferisch der Dialog der Kulturen im Nahbereich familiärer Bindungen auch ist, multikulturelle Naivität ist fehl am Platze. Wo der Dialog nicht weiterhilft, bleibt nur die Praxis des Abstandnehmens. Hier kann interkulturelle Lebenskunst zur »Kriegskunst« werden, wobei es natürlich nicht um Vernichtung des anderen geht, sondern darum, praktische Überzeugungsarbeit zu leisten. Mehr als die taoistischen Weltweisen kann hier der chinesische Klassiker der Kriegskunst, Sun Tse, weiterhelfen, der den Krieg vom Schlachtfeld auf die strategische Planung verlagert hat. Die zentrale Botschaft seines Klassikers *Kunst des Krieges* lautet: »Erkenne den Feind, erkenne dich selbst und treffe den Feind an seiner schwächsten Stelle.« Das lässt sich auch auf den Umgang des Menschen mit sich selbst übertragen. Denn der Mensch ist sich oft genug selbst der größte Feind, weshalb es darauf ankommt, Abstand zu gewinnen. Abstand gewinnen heißt, dem Feind Zeit zu lassen, seine Ziele zu überdenken, und sich selbst Zeit zu nehmen, die eigenen Ziele zu überdenken. Regeln der Synchronisierung der eigenen und der fremden Zeit zu formulieren gehört zu den Aufgaben, denen sich eine interkulturelle Philosophie der Lebenskunst zu stellen hat.

10. Konvergenz von Lebenskunst und Lebensphilosophie

Wie sehen die Zukunftsperspektiven für eine Philosophie der Lebenskunst aus? Das ist keine rein akademische Frage, sondern geradezu eine »Schicksalsfrage«, da sie das Selbstverständnis unserer Zeit berührt. In unserer postmodernen Welt hat sich die Autonomie des Subjekts zu einem flächendeckenden Massenindividualismus entwickelt, der jedem seine Biografie selbst zu wählen verheißt. Das Projekt der Selbstorganisation des Lebens überlässt den Einzelnen in seinen Wertungen und Entscheidungen ganz seinem Lebensgefühl, eine Entwicklung, die der Soziologe Ulrich Beck in den 1980er Jahren unter dem Stichwort »Weg in eine andere Moderne« als Leitvorstellung für das emanzipierte Bürgertum entworfen hat. Der Mensch, der sein Leben ganz in eigener Regie gestalten will, empfindet allgemein geltende Normen als Fesseln und als Ursache der Entfremdung. Traditionelle Vorbilder erkennt er nicht mehr an, sogar das Glück als höchstes Gut hat angesichts der radikalen Subjektivierung an Attraktivität eingebüßt. Was bleibt, ist das eigene Leben, das frei von Zwängen seine Bedürfnisse und Wünsche artikulieren will: »*My Way*«, »*My Self*«, »*My Time*«.

Bei aller Euphorie für die Individualisierungsthese, ihre Umsetzung in konkrete Lebensformen stellt Anforderungen an die moralische Kompetenz des Einzelnen, die den Gewinn an Bewegungsfreiheit schmälern. Mit der Auflösung des traditionellen Wertekanons, der den festen und unbefragten Rahmen für die persönliche Lebensgestaltung bildete, wird die Frage nach Wert und Sinn des Lebens akut und muss von der individuellen Lebensgestaltung selbst beantwortet werden. Solange sich das Individuum als Geschöpf Gottes oder Mitglied einer Nation fühlte, war die Sinnfrage immer schon beantwortet und Leben galt als der Güter höchstes nicht. Selbst im Hellenismus mit seiner Verinnerlichung des Glücks wurde die individuelle Lebensgestaltung von der überindividuellen Gewissheit einer göttlichen Natur oder Weltvernunft getragen. In dem Maße, wie heute die Selbstverständlichkeiten schwinden und die Wahlfreiheit über alles andere gestellt wird, verliert das Programm der antiken Lebenskunst an Attraktivität.

Die zeitgenössische Lebenskunst der Selbstsorge sucht denn auch das Glück darin, dass jeder sich selbst verwirklichen darf – »authentisch« leben! Entsprechend zeichnet sich in der Lebenskunstliteratur ein neuer Trend ab: weg von der normativen Ethik und hin zu den Kulturwissenschaften. In soziologischen oder psychologischen Kategorien werden einzelne Lebensbereiche beschrieben, ohne dass klare Normen zu erkennen wären. Ja, die dichte Beschreibung soll Vorschriften und Verbote überflüssig machen. Dahinter steht die Überzeugung, dass das Leben sein eigener Beweis ist. So laufen im kulturwissenschaftlichen Diskurs Leben und Lebenskunst ineinander. Die Kunst besteht darin, so zu sein, wie man redet, und so zu reden, wie man nicht ist. Das – so tönt es aus den Bestsellern der Lebenskunst – ist »eine wunderschöne Wahrheit des Lebens«. Allerdings gibt es zu denken, wenn Wilhelm Schmid, an dessen Lebenskunstkonzept sich viele populärwissenschaftliche Autoren orientieren, in seinem Blick auf das 21. Jahrhundert ungeduldig fordert, »endlich neue Bindungen als Formen der Freiheit zu begründen, statt weiterhin nur von immer neuen Befreiungen zu schwärmen« (*Leben und Lebenskunst*, 11).

Ist philosophische Lebenskunst möglich?

Ein Blick hinter die glänzende Fassade der Versprechungen und Befreiungen der Lebenskunst zeigt allerdings, dass Orientierungslosigkeit und Zukunftsängste das Selbstverständnis vieler Menschen belasten. Und er zeigt auch, dass der vorherrschende kulturwissenschaftliche Diskurs kaum geeignet ist, den *status quo* zu hinterfragen. Das Prinzipielle lässt sich doch nicht so leicht verabschieden, wie es die »Transzendentalbelletristen« gern gesehen hätten. Das macht deutlich, wie nötig eine kritische Philosophie der Lebenskunst nach wie vor ist. Aber ist philosophische Lebenskunst auch in Zukunft *möglich*? Der Grazer Philosoph Malte Hossenfelder, der den Primat der sittlichen Praxis als spezifisches Merkmal der hellenistischen Philosophie interpretiert, verteidigt in seinem Aufsatz *Gibt es eine Lebenskunst?* (2004) die Möglichkeit der Lebenskunst auch für die heutige Zeit. Trotz der Privatisierung des Glücks lassen sich allgemeine Lebensregeln formulieren und vermitteln. – Das freilich nur unter der Bedingung, den leeren Begriff des Glücks durch den des »gelingenden Lebens« zu ersetzen. Hossenfelder versteht darunter ein Leben, in dem alle Zwecke, die man sich setzt, realisiert werden. Das bedeutet, dass die Glücksregeln nur in hypothetischer Allgemeinheit gelten, bezogen auf das menschliche Wollen, das laut Hossenfelder dem moralischen Sollen zugrunde liegt. Als moralische Forderungen nennt er Gerechtigkeit und soziale Hilfsbereitschaft, zwei Tugenden, die notwendigerweise mit der eigenen Zwecksetzung verbunden sind.

Selbst wenn die Ableitung des Sollens aus dem Wollen richtig ist (wofür vieles spricht), bleibt die Frage offen, ob damit das Motivationsproblem gelöst ist. Hossenfelder beruft sich auf die Einsicht in den Zweck-Mittel-Zusammenhang und plädiert für eine Lebenskunst als Bildungseinrichtung. Damit aber wird er der

Komplexität der menschlichen Psyche kaum gerecht. So wie man niemanden zu seinem Glück zwingen kann, kann man auch niemanden zur Einsicht in Zusammenhänge von Ursache und Wirkung als Voraussetzung des Glücks zwingen. Der Mensch ist erfinderisch bei der Suche nach Auswegen, um der Konfrontation mit der Realität zu entgehen. »Der schrecklichste der Schrecken, das ist der Mensch in seinem Wahn«, lautet die Mahnung, die Friedrich Schiller in seinem Lehrgedicht *Die Glocke* dem Menschen auf den Weg in die Moderne mitgegeben hat. Es ist auch nicht damit getan, die im Projekt der Moderne auftretenden Probleme an die empirische Psychologie weiterzureichen. Die Philosophie der Lebenskunst muss einen Begriff »individueller Allgemeinheit« bilden, um nicht in einen naiven Psychologismus zu verfallen.

Dass Hossenfelder Gefahr läuft, mit seiner systematischen Rettung der Lebenskunst die Lebenswirklichkeit zu verfehlen, zeigt seine Analogie von Lebenskunst und Handwerkskunst. Er macht schließlich keinen Unterschied zwischen allgemeiner Kunst und Wissenschaft. Dieses Konzept ist aber kaum geeignet, Anleitungen für ein gelingendes Leben zu liefern. Denn Leben ist kein Artefakt, für dessen Herstellung technische Fertigkeiten und wissenschaftliche Kenntnisse ausreichen. Dem modernen Verständnis von Individualität und personaler Identität entspricht ein Begriff des Lebens als Vollzugsform, die sich selbst organisiert. Hier könnte der Begriff des »gelingenden Lebens« weiterhelfen, den Hossenfelder als Gegenbegriff zum Glück ins Feld führt. Dazu wäre es allerdings erforderlich, den Akzent stärker auf die Verlaufsform zu legen. Im Unterschied zum »gelungenen Leben«, über das immer nur am Ende befunden werden kann, beschreibt Gelingen das Leben als Prozess, der seinen Maßstab in sich selbst hat.

Soweit Leben im selbstreferenziellen Sinn Gegenstand der Lebenskunst ist, steht die Philosophie der Lebenskunst vor der paradoxen Aufgabe, die Regeln aus dem Vollzug des Lebens selbst abzuleiten. Sie muss einen umfassenden Orientierungshorizont für den individuellen Lebensvollzug bieten, ohne sich dabei auf ein Telos außerhalb des Lebensvollzugs stützen zu können. Das aber besagt, dass für die philosophische Lebenskunst alles davon abhängt, wie dieser Horizont erschlossen werden kann. Das Programm der Selbstsorge, welches das Leben als Projekt behandelt, greift angesichts des Horizontcharakters des Lebens zu kurz. Sicherlich ist es hilfreich, sich einen Lebensplan zu machen, dies aber nur, wenn man darauf gefasst ist, dass das Leben keinen vorgefassten Plan kennt. »Lebensplan« muss als integraler Begriff verstanden werden, der alle Einzelpläne umfasst. Das hat nichts mit einer hierarchischen Strukturierung zu tun, sondern ein sinnvoller Lebensplan bildet sich mehr oder weniger unbeabsichtigt, ungesteuert, d.h., er »emergiert«. Hier liegen die Möglichkeiten und die Grenzen der Machbarkeit des menschlichen Lebens.

Der lebensphilosophische Begriff des Lebens

Wenn Leben nicht in der Erfüllung von Plänen aufgeht, muss eine zukünftige Philosophie der Lebenskunst ihre traditionellen Entwürfe der Kritik unterziehen. Die Kritik darf sich aber nicht auf eine Rückkehr zur traditionellen Trennung von Lebenskunst und normativer Ethik festlegen. Denn die Pflichtethik ist wegen der ungelösten Motivationsfrage kaum geeignet, Gegenstand einer philosophischen Lebenskunst zu sein. Es genügt auch nicht, die abstrakten Normen durch psychologische Einsichten zu ergänzen und aufzulockern. Vielmehr kommt es darauf an, durch Analysen der Subjektivität Regeln zu formulieren, die von den Betroffenen als ihre eigenen erlebt werden. Das ist keine leichte Aufgabe, da zwischen objektivem und subjektivem Standpunkt ein komplementäres Verhältnis herrscht, das niemals die ganze Wahrheit des Lebens in den Blick kommen lässt. Wie lässt sich der unhintergehbare Standpunkt der ersten Person mit allgemein geltenden Normen verbinden, und welcher logische Status kommt diesen Normen in der Lebenskunst zu?

Die Beantwortung dieser Fragen macht einen erweiterten Lebensbegriff erforderlich. Nur er kann verhindern, dass die Philosophie der Lebenskunst sich in sich selbst verläuft. Hier bietet die moderne Lebensphilosophie einen Ausweg. Sie hat einen Begriff des Lebens entwickelt, der mit den Beschreibungen der Lebensvollzüge die Frage nach dem Sinn des Lebens beantwortet. So sehr die Lebensphilosophie im 20. Jahrhundert auch ideologischen Indienstnahmen ausgesetzt war: Ihre Stärke liegt darin, dass sie für den Lebensbegriff keinen außerhalb des Lebens selbst liegenden Maßstab verwendet. Damit erhält der lebensphilosophische Begriff des Lebens einen transzendentalen Charakter, historisch kann die Lebensphilosophie also durchaus als Fortsetzung des neukantianischen Transzendentalismus betrachtet werden. Für die Philosophie der Lebenskunst bedeutet das: Selbstsorge muss all die Voraussetzungen und Bedingungen reflektieren, unter denen Selbstkonstitution möglich ist. Denn Leben ist mehr, als Probleme lösen; es bedeutet, mit unlösbaren Problemen zu leben. Ob und wie die Philosophie der Lebenskunst dafür Wege aufzeigen kann, davon hängt ihre Zukunft ab.

Seit dem 19. Jahrhundert hat die Lebensphilosophie einen der gesellschaftlichen Dynamik angepassten Lebensbegriff ausgearbeitet. Der lebensphilosophische Begriff des Lebens hält an der klassischen Auffassung von Leben als Selbstbewegung fest, überträgt dieses Modell aber auf das Bewusstsein. So kann man sagen, dass die Lebensphilosophie dem transzendentalen Subjekt seinen

Sitz im Leben zurückgegeben hat. Im »Leben« als Reflexionsbegriff spiegelt sich das Bemühen der Lebensphilosophie, die überkommenen Dualismen von Materie und Geist, Sein und Werden, Aktivität und Passivität und schließlich sogar von Subjekt und Objekt aufzuheben. In der Überwindung dieser Dualismen und Reduktionismen materialistischer oder idealistischer Provenienz kommt die dialektische Natur des Lebens zum Ausdruck, schöpferische Bewegung und stabilisierende Form zugleich zu sein.

Leben und Zeitlichkeit

Mit dem lebensphilosophischen Begriff des Lebens ist ein neues Zeitverständnis verbunden, das man existenziell nennen kann. Demnach ist Zeit keine objektiv vorgegebene Entität, in der sich das Leben abspielt oder aus der das Leben als eine bestimmte Zeitspanne herausgeschnitten werden kann. Vielmehr ist die Zeit mit dem Leben in einer Weise verbunden, die es erlaubt, von einer Erzeugung der Zeit durch das Leben zu sprechen. Das betrifft freilich nicht die objektive Zeit, die unverfügbar bleibt, sondern die subjektive Zeit, das Zeitbewusstsein, den Modus also, in dem das unumkehrbare Nacheinander des Zeitablaufs erlebt wird. Auf das moderne Zeitverständnis trifft dabei das Gleiche zu wie auf den lebensphilosophischen Lebensbegriff: Gegensätze, welche die lebensweltliche Erfahrung fixieren, werden verflüssigt. Die Frage, ob Zeit etwas Materielles oder Mentales, etwas Subjektives oder Objektives ist, lässt sich aus lebensphilosophischer Perspektive nur mit einem Sowohl-als-auch beantworten. So teilt die Zeit die Dialektik des Lebens, nämlich Zeit zu geben und Zeit zu nehmen. Endliches und Unendliches, Kontinuität und Diskontinuität, Veränderung und Beharren verbindet die Zeit zu einer dynamischen Einheit des Absoluten und des Relativen, welche die Widersprüchlichkeit der menschlichen Existenz ausmacht.

Noch bevor der Begriff der Zeitlichkeit in Heideggers Existenzphilosophie fundamental geworden ist, hat Wilhelm Dilthey die »Zeitlichkeit des Lebens« zum Angelpunkt seiner Theorie der Selbsterfahrung gemacht (*Studien zur Grundlegung der Geisteswissenschaften*, in: Ges. Schr. VII, 74f., vgl. 192ff.). Gegenüber der Idealität der objektiven Zeit als Anschauungsform beschreibt Dilthey die Realität der erlebten Zeit als heterogenes Kontinuum von Bewusstseinsinhalten. Leben ist immer Gegenwart als Erfüllung eines Zeitmoments mit Erinnerung und Erwartung. Das macht die Fülle der wirklichen Zeit, der »Präsenzzeit« aus. Aber der Fluss der Zeit steht auch für die Korruptibilität des Lebens. Das »Schiff des Lebens« wird vom Fluss der Zeit getragen, zugleich aber fährt es dahin. Diese Doppelfunktion der Lebenszeit, zugleich Bestehen und Vergehen zu garantieren, macht die Zeit für das Denken undurchdringlich und erzeugt die bekannten Antinomien. Daraus ergibt sich nach Dilthey für die Lebenskunst von der Antike bis zur Gegenwart die Aufgabe, aus dem Lebensverlauf mit seinen äußeren Zufällen eine einheitliche Bedeutung, einen Sinn und Wert des Lebens zu gewinnen. Das gelingt nur, wenn der Kontext einen einheitlichen Lebensplan erkennen lässt, einen sich selbst tragenden Wirkungszusammenhang, der als »Eigenwert« des Lebens erfahrbar ist. Folgerichtig hat Dilthey in seiner Hermeneutik der Selbstbiografie eine zentrale Stellung eingeräumt. Wie die Ausrichtung auf die Zeitekstasen – erinnerte Vergangenheit, erlebte Gegenwart und erwartete Zukunft – der Selbstbesinnung des Menschen verschiedene Bedeutung verleiht, hat er an den Autobiografien von Augustinus, Rousseau und Goethe in exemplarischer Weise vorgeführt.

Aus der lebensphilosophischen Deutung der Zeitlichkeit ergibt sich für die Philosophie der Lebenskunst eine neue Dimension der Selbsterfahrung. Die Kürze des Lebens ist schon in der antiken Lebenskunst ein Thema, das rein objektivistisch und pragmatisch behandelt wird. Das reicht für das lebensphilosophische Zeitverständnis nicht mehr aus. Die Philosophie der Lebenskunst hat neue Formen des Umgangs mit dem Zeitbewusstsein zu entwickeln. Sie muss zeigen, wie die Modi der erlebten Zeit, Vergangenheit, Gegenwart und Zukunft, aufeinander zu beziehen sind, damit sich der Mensch im Wechsel seiner Rollen als identische Person erfahren kann. Selbstbestimmung als Selbstorganisation des Lebens heißt heute mehr denn je Selbstorganisation der Zeit, die zwischen der Skylla des Objektivismus und der Charybdis des Subjektivismus einen Weg differenzieller Zeitgestaltung finden muss. Nur auf dem Weg über das Zeitbewusstsein wird eine zukünftige Lebenskunst mit der Gestaltung des Lebens zugleich eine praktische Antwort auf die theoretisch unbeantwortbare Frage nach dem Sinn des Lebens geben.

Zeiterfahrung und Personsein

Um zu verdeutlichen, wie sehr eine zukünftige Philosophie der Lebenskunst mit der Zeitlichkeit zu rechnen hat, ist ein Blick auf den lebensphilosophischen Zeitbegriff hilfreich, an den auch die Phänomenologie anschließt. Damit ist das »Rätsel der Zeit« zwar nicht gelöst, aber es sind Unterscheidungen getroffen worden, die für das Verständnis personaler Identität und individueller Lebensführung aufschlussreich sind. Der Lebensphilosoph Henri Bergson (1859–1941) hat in seinen Analysen der unmittelbaren Gegebenheiten des Bewusstseins (dt. *Zeit und Freiheit*, 1911) der quantitativen Auffassung der Zeit als homogenes Medium die erlebte Zeit als »Dauer« gegenübergestellt, in der sich qualitativ verschiedene Gefühlszustände gleichsam ineinanderschieben. Für Bergson besteht die Dauer nicht aus diskreten Zeitpunkten, die vom Subjekt verbunden werden, sondern die Kontinuität ist unmittelbar in der Selbsterfahrung gegeben. Auch Husserl hat in seinen Analysen des inneren Zeitbewusstseins diesem Befund Rechnung getragen, indem er das Jetzt als ein von kontinuierlich sich abschattenden »Retentionen« und »Protentionen« umrahmtes Feld beschreibt. Während die Zeit der Uhren das Nicht-mehr vom Noch-nicht trennt, verbindet die Zeit der Dauer Vergangenheit und Zukunft in der Gegenwart. Beide Aspekte, der objektive und der subjektive, sind untrennbar und machen die Zeit zu einem homogenen Medium, das Unterschiede macht, zu einem »heterogenen Kontinuum«. Hier liegt die Paradoxie der Zeit, der die von Husserl formulierte »Paradoxie der menschlichen Subjektivität« entspricht, ein Objekt in der Welt und zugleich Subjekt für die Welt zu sein. Die theoretische Auflösung dieser Paradoxie obliegt der Philosophie, die praktische der Lebenskunst, die freilich ohne philosophisches Fundament nicht auskommt. Dieser Befund macht deutlich, dass durch die Zeitlichkeit eine Ordnung ins menschliche Leben kommt, die wir nicht selbst gemacht und hervorgebracht haben. Hier liegen die Grenzen eines technischen Verständnisses der Lebenskunst. Der Umgang mit der eigenen Zeit, wie ihn der Psychiater und Phänomenologe Eugène Minkowski 1933 in seinem Buch *Gelebte Zeit* beschrieben hat, nimmt die Form einer »passiven Aktivität« an. Der Mensch wird in die Zeit hineingezogen, er kann sie gebrauchen und einteilen, aber er kann die Zeit nicht »machen«. Handeln und Leiden gehören in der gelebten Zeit zusammen.

Die lebensphilosophische Analyse des Zeitbewusstseins eröffnet den Weg zu einem differenzierten Begriff personaler Freiheit. Bergson unterläuft den klassischen Dualismus von Determinismus und Willensfreiheit dadurch, dass er Freiheit als Funktion der Dauer interpretiert. Keine Unterbrechung der Kausalität, kein Setzen absoluter Anfänge durch ein transzendentales Subjekt mache die Freiheit aus, sondern die spezifisch menschliche Fähigkeit, sich in einem Augenblick das ganze Leben zu vergegenwärtigen. Für Bergson heißt Freiheit also nicht, sich durch grundlose Wahl zwischen vermeintlich selbständigen Motiven und Möglichkeiten aus der Zeit herauszuheben, sondern die verschiedenen Dimensionen der gelebten Zeit, Vergangenheit und Zukunft, so auf die Gegenwart zu konzentrieren, dass die gesamte Geschichte des Menschen in einer einzigen Handlung in Erscheinung tritt. In dieser Verdichtung der Zeit liegt das Personsein, das für Bergson auf ein nur qualitativ im Erleben erschließbares »Tiefenich« verweist: »Meistenteils leben wir uns selbst gegenüber äußerlich und gewahren nur das farblose Phantom unseres Ich, einen Schatten, der die reine Dauer in den homogenen Raum wirft ... Frei handeln heißt von sich selbst Besitz ergreifen, sich in die reine Dauer zurückversetzen.« (*Zeit und Freiheit*, 171) Hier dringt die Analyse zu einer Dimension des personalen Selbstverhältnisses vor, in der die Lebenskunst sich nicht mehr auf technische Reproduzierbarkeit beschränken kann. Ihre Aufgabe besteht darin, Regeln des Umgangs mit der objektiven Zeit so zu formulieren, dass die Unwiederholbarkeit und Einzigartigkeit der gelebten Zeit bewahrt bleibt.

Kairos und Chronos

Bergsons lebensphilosophische Auffassung der Zeit reicht noch nicht aus, um den nachmetaphysischen Horizont der Zeitstruktur für die Lebenskunst zu erschließen. Hinzu kommt eine Betrachtungsweise, die mit dem Stichwort »Kairos« verbunden ist. Kairos bezeichnet in der griechischen Philosophie die Krise einer Zeiterfahrung, welche im Gegensatz zu Chronos, der formalen Zeit, einen epochalen Stimmungsumschwung anzeigt. Im Markusevangelium ist Kairos die durch das Erscheinen Christi entschiedene erfüllte Zeit, die zur Umkehr aufruft (Mk 1,15). Der deutsch-amerikanische evangelische Theologe und Philosoph Paul Tillich (1886–1965) hat den Begriff in den 1920er Jahren in die theologische Dimension eingeführt. Gegen den kulturprotestantischen Historismus versteht Tillich den Kairos als Fülle der Zeit in ihrer positiven, vorwärts weisenden Bedeutung. Das ist zunächst eine geschichtsphilosophische Perspektive, die den utopischen Großerzählungen jener Zeit entspricht und die Tillich zum Begründer eines »religiösen Sozialismus« als dritten Weg zwischen liberaler und dialektischer Theologie gemacht hat.

Kairos hat aber auch eine personale Dimension. So wie Bewusstsein immer »Bewusstsein von etwas« ist, so ist Zeit immer Zeit für etwas oder für jemanden. Damit ist die Verantwortung angesprochen, die dem Menschen aus der Zeitlichkeit zukommt. In Situationen der Not können wir nicht einfach abwarten. Wir sind aufgefordert, Entscheidungen zu treffen, und wenn nötig, tätig einzugreifen und Hilfe zu leisten. Der Einzelne kann mit der Forderung konfrontiert werden, sein Leben zu ändern, umzukehren. Das sind Erfahrungen und Geltungsansprüche, die der postmodernen, auf Selbstsorge und Selbstverwirklichung fokussierten Lebenskunst fernliegen. Aber auch in einer säkularen Gesellschaft verlieren die theologischen Begriffe des Lebens als Aufgabe und der Zeit als Erfüllung nicht ihre anthropologische Bedeutung. Das Individuum der Selbstsorge will ganz aus sich selbst über sich selbst verfügen und verliert so sein Selbst. Das ist der Wahn, der das Leben dort sucht, wo es nicht ist, nämlich in der Verfügbarkeit. Lebenskunst besteht demnach darin, sich selbst und jeglichem seine Zeit zu geben und zu lassen. Es geht also um ein Gespür für die Differenz von sinnerfüllter Zeit und verbrauchter Zeit, von Kairos und Chronos.

Die moralische Dimension der Zeitlichkeit lässt sich mit Alfred North Whitehead (1861–1947) erläutern, der in seiner Theorie der kulturellen Symbolisierung zwei Modi der menschlichen Erfahrung unterschieden hat: »präsentative Unmittelbarkeit« und »kausale Wirksamkeit«. »Präsentative Unmittelbarkeit« bezeichnet die Sinneswahrnehmung von Gegenständen, deren Einheit durch wechselseitigen Verweis der Einzeleindrücke zustande kommt. »Kausale Wirksamkeit« dagegen steht für das unumkehrbare Nacheinander, das wir am eigenen Leib als Realität erfahren und das durch Idealisierung der Zeit nicht aufgehoben werden kann. Beide Relationen gelten nicht nur für die äußere Wahrnehmung, sondern auch für die Selbstwahrnehmung. Hier liegt der zeitliche Ursprung des Sinns für moralische Verantwortung: »*Pereunt et imputantur* lautet die Inschrift auf alten Sonnenuhren an kirchlichen Gebäuden. *Vergehen der Stunden* bezieht sich auf die in der unmittelbaren Präsentation enthüllte Welt, fröhlich in tausendfacher Farbigkeit, vorübergehend und innerlich bedeutungslos. *Sie werden angerechnet* bezieht sich auf die Welt kausaler Wirksamkeit, in der jedes Ereignis mit seiner Besonderheit die kommenden Zeiten berührt, im Guten wie im Bösen. Nahezu alles Pathos hat einen Bezug auf das Vergehen der Zeit.« (*Kulturelle Symbolisierung*, 106) Das ist eine deutliche Kritik an der impressionistischen Auffassung von Zeit, an ihrer Entleerung zu zeitloser Augenblicksgegenwart. Die symbolische Form der Zeit ist immer ambivalent, geradezu paradox: Sie macht sichtbar und verdeckt, eröffnet Horizonte und zerstört Hoffnungen. Nur wem es gelingt, Zeit und Ewigkeit zu verbinden, die Prozesshaftigkeit der Realität zu leben, hat nach Whitehead den höchsten für den Menschen erreichbaren Grad an Weisheit erreicht.

Zeit als offene Frage der traditionellen Lebenskunst

In der Philosophie der Lebenskunst hat die Paradoxie der Zeit noch nicht genügend Beachtung gefunden. Selbstsorge als Selbstkonstitution setzt handlungstheoretisch freie Verfügbarkeit über die Zeit voraus – Zeit wird somit als »Möglichkeitszeit« begriffen. Das ist insofern berechtigt, als die Zunahme der Geschwindigkeit ein Leben im *time-lag* ermöglicht und die virtuellen Wirklichkeiten darauf hinauslaufen, das Nacheinander aufzuheben, Vergangenheit in Zukunft zu verwandeln. Damit scheint die Idealität der Zeit ihre praktische Bestätigung zu erfahren. Aber der Schein trügt. Zeitverschiebungen bleiben an der Oberfläche des Lebensgefühls und können die Zeitlichkeit des menschlichen Daseins nicht aufheben. Wie dringend das Desiderat ist, sich in der Philosophie der Lebenskunst an die Realität der gelebten Zeit zu halten, zeigt ein kurzer Rückblick auf die Epochen der Lebenskunst. Zwar steht die Herrschaft der Zeit nicht im Mittelpunkt, aber in allen Phasen macht sie sich als offene Frage bemerkbar.

Die antike Lebenskunst bleibt trotz der Subjektivierung des Glücks dem aristotelischen Begriff der Zeit als Zahl der Bewegung verbunden. Der Seele ist die kosmologische Zeit vorgeordnet, so dass Seelenruhe nur durch Unterwerfung unter das Diktat der Zeit erreicht werden kann. Epikur verfolgt daher die Strategie, durch Einteilung der Zeit in Gegenwartsatome der Beunruhigung durch die Vergänglichkeit zu entkommen. Hier zeigen sich die Grenzen der antiken Psychologie. Sie begreift das Seelenleben als Addition von Zuständen, die nicht kontinuierlich ineinander übergehen und daher als verfügbar angesehen werden. Bei Seneca allerdings macht sich die Subjektivität als Problem zeitgemäßer Lebensführung bemerkbar: »Ihr lebt, als würdet ihr immer leben.« Und natürlich schwebt auch der Vers des Predigers Salomo »Jegliches hat seine Zeit« als Mahnung über den Köpfen der hedonistischen Lebenskunst.

Die augustinische Entdeckung des inneren Zeitbewusstseins, die für die theologische Anthropologie bedeutsam wurde, ist an der Zeitvergessenheit der Lebenskunst nicht spurlos vorübergegangen. Das neue Zeitbewusstsein diente dazu, die Endlichkeit und Zerbrechlichkeit der irdischen Existenz gegenüber der überirdischen Ewigkeit des Reiches Gottes herauszustreichen. Daran hat sich erst mit Francesco Petrarca, der an Augustinus anknüpft, insofern etwas geändert, als dieser die Quelle für die Normierung moralischen Handelns in der zeitlichen Dynamik der Subjektivität selbst suchte. Damit hat Petrarca einem am Diesseits orientierten Selbstverständnis des Renaissance-Menschen den Weg geebnet. Allerdings wird die Realität der Zeit primär in ihrer Unberechenbarkeit in Gestalt der Fortuna erfahren, so dass sich der zeitliche Aspekt der Lebenskunst darauf beschränkt, mit dem unberechenbaren Glück zu rechnen.

Bei den französischen Moralisten spielt die Zeit als Bewusstsein der Sterblichkeit eine Rolle, weshalb Montaigne Philosophieren als »Sterben lernen« bezeichnen kann. Die Zeit wird hier nicht mehr theologisch als Gabe angesehen, sondern als Bedrohung, insofern sie die Erwartungen der Menschen durchkreuzt und in der Enttäuschung endet. Vor diesem Hintergrund wird historisch verständlich, dass Kant den Eudämonismus an die Idealität der Zeit als Anschauungsform knüpft und die Moralität ganz aus der Zeit herausnimmt. Sein moralphilosophisches Reich der Zeitlosigkeit gewährt der Prozesshaftigkeit des menschlichen Lebens keinen Raum. Diesen Schritt rückgängig zu machen und im zeitlichen Vollzug des Lebens selbst Handlungsorientierung zu suchen, darauf zielt die Rehabilitierung der praktischen Philosophie in den letzten beiden Jahrhunderten.

Im 19. Jahrhundert hat die Lebensphilosophie die zeitliche Dynamik in allen Äußerungsformen des Lebens herausgestellt und damit für die Lebenskunst eine neue philosophische Plattform geschaffen. Der von Kant vertretenen Idealität der Zeit als der Form innerer Anschauung stellt Schopenhauer die erlebte Gegenwart als unhintergehbare Realität des »Willens zum Leben« gegenüber. Sigmund Freud hat daraus die Konsequenzen für die Psychoanalyse gezogen: Die Bewältigung des Lebens hänge davon ab, wie weit es gelingt, die Macht der Vergangenheit, die in den verdrängten Wünschen weiterlebt, durch bewusstes Erinnern zu brechen.

Im Anschluss an Bergson und an Heideggers *Sein und Zeit* hat der existenzielle Zeitbegriff in die Daseinsanalyse Einzug gehalten. Die defizienten Formen des Zeitbewusstseins, die verlorene, die quälende, die zerbrochene Zeit haben die Pathologien der Subjektivität zum Gegenstand der therapeutischen Lebenskunst gemacht. Auch die Biografie hat durch die Abgründe der erzählten Zeit ihre Eindeutigkeit eingebüßt. Und selbst die Rehabilitierung der antiken Lebenskunst durch Michel Foucault erhält durch die Zeiterfahrung eine neue Dimension. Das liegt wohl daran, dass Foucaults Selbstkonzept infolge der Orientierung an der Sexualität Subjektivität durch und durch präsentisch begreift. Das Bewusstsein der Endlichkeit verstärkt die Ambivalenz des erotischen Augenblicks. Selbstverwirklichung hat für den Erotiker Foucault ihren Ursprung und ihr Ziel in einem Jetzt, das dem Leben sicher und gewiss ist, aber nach neueren Untersuchungen nicht länger als drei Sekunden dauert.

Die Verinnerlichung der Zeit, ihre radikale Subjektivierung, kann nicht das letzte Wort zur Lebenskunst sein. Dass im Individualismus der Selbstsorge Zeitprobleme stecken, die durch die Suche nach der verlorenen Zeit nicht gelöst werden können, zeigt die temporale Befindlichkeit des »flexiblen Menschen« der

Gegenwart zur Genüge. Das kapitalistische System hat aus der Zeit eine Ware gemacht, mit der man wie mit Geld sparsam umgehen muss. Hinter dieses Zeitkalkül gibt es kein Zurück. Das Problem besteht nun darin: Wie kann man durch klugen Umgang mit der mechanischen Zeit der Uhren die eigene Lebenszeit als schöpferische Zeit zur Geltung bringen? Auch und gerade durch die Globalisierung wird das Zeitproblem noch verschärft. Das Zusammenleben von Menschen aus verschiedenen Kulturkreisen stellt die interkulturelle Lebenskunst vor die Aufgabe, die Gleichzeitigkeit des Ungleichzeitigen zu bewältigen. So können wir aus dem kursorischen Rückblick das Fazit ziehen: Die Philosophie der Lebenskunst steht und fällt mit der Frage, wie das Problem der Zeitlichkeit im Lebensvollzug gelöst wird.

Von der Weltzeit zur Lebenszeit

Unter den deutschsprachigen Philosophen der Gegenwart, die das Zeitproblem anthropologisch und theologisch betrachten und damit die Anknüpfung an die Lebenskunst ermöglichen, sind Hans Blumenberg (1920–1996) und Michael Theunissen zu nennen. Blumenberg hat in seinem Buch *Lebenszeit und Weltzeit* (1986) den Menschen als den an der Endlichkeit seiner Lebenszeit Leidenden dargestellt. Er entwirft das Bild eines Subjekts, das sich in seiner Selbstbehauptung durch die Gleichgültigkeit der Welt bedroht sieht. Der Gedanke, dass die Welt ohne mich weiterbesteht, dass ich nach meinem Ableben vergessen werde, ist für Blumenberg die größte Bedrohung des subjektiven Glücksempfindens. Ob man das analog zu Heideggers »Sorge« als existenzielles Radikal betrachten darf, sei dahingestellt. Aber klar ist, dass es sich hier um eine Säkularisierung des Theologumenons der Ewigkeit handelt. Wenn der Mensch schon nicht auf ein jenseitiges Leben nach dem Tode hoffen darf, so bleibt ihm als einziger Weg des irdischen Heils eine Lebensform, die ihn auch nach seinem Ableben nicht in Vergessenheit geraten lässt. Für den geistig oder politisch Tätigen ist das die Arbeit am Lebenswerk, die Nachruhm garantieren soll.

Mit dem Wegfall der Ewigkeit als Horizont der Zeitlichkeit ist das moderne Leben zwar durchaus zeitimprägniert, aber der Anspruch des Individuums, über seine Lebenszeit selbst verfügen zu können, bedeutet nicht, dass der Mensch die Zeit »machen« kann. Haben wir sie nicht gemacht, so haben wir sie in Form der unsterblichen Seele von Gott empfangen, so lautet die Auskunft der theologischen Anthropologie. Blumenbergs lebensphilosophische Anthropologie dagegen gibt im Anschluss an Husserls Analysen des inneren Zeitbewusstseins eine andere Antwort: Die kontinuierlich ablaufende Zeit ist ein der Zeit selbst nicht unterworfenes Absolutum, in dem alle Zeitdimensionen und Zeitmaße ihren Ursprung haben. Wie kann der Mensch dem unauflösbaren Kontinuum des Zeitflusses entkommen und seine Individualität erhalten?

Die Antwort, die Blumenberg auf diese Frage gegeben hat, läuft letztlich auf eine Flucht aus der Lebenszeit hinaus. Die Transzendenz des Ego in zukünftige Geschichtlichkeit setzt eine Kunst voraus, die im Leben schon das Leben aufgibt und es – um mit Schopenhauer zu reden – aus dem Willen in die Vorstellung verbannt. Die Lebenswelt als Einheit von Wille und Vorstellung wird zerbrochen und der Wille zum Leben in den Willen zur Arbeit verwandelt, wobei Arbeit als »unendliche Arbeit« im Sinne Husserls zu verstehen ist. Die Angleichung an die Lebensform der modernen Arbeitsgesellschaft hat Hannah Arendt in *Vita activa oder Vom tätigen Leben* (1960) als »Sieg des *animal laborans*« beschrieben. Aber es ist fraglich, ob mit der Substitution des Handlungsbegriffs durch den Begriff der Arbeit das Problem der Lebenskunst gelöst ist, wie nämlich der Mensch trotz der Endlichkeit seiner Lebenszeit ein glückliches Leben führen kann.

Die von Blumenberg auf die Spitze getriebene Diskrepanz von Lebenszeit und Weltzeit dürfte kaum der alltäglichen Zeiterfahrung des Menschen entsprechen. Vielmehr sind es innerzeitliche Phasenverschiebungen, die das Glück gelingenden Lebens bedrohen. Die hier liegende Problematik tritt an der Ambivalenz der Konstitutionstheorie zutage. Schon in der Phänomenologie Husserls schwankt der Begriff zwischen Aktivität und Passivität, so dass Erzeugung und Entstehung, transzendentaler Idealismus und ontologischer Realismus ineinander übergehen. Die temporale Selbstreferenz des Bewusstseinslebens schließt intentionales Handeln nicht aus, aber Einzelhandlungen sind immer in einen unverfügbaren Zeithorizont eingebettet, an dem die Lebenskunst anzusetzen hat.

Lebenszeit und Zeit des Lebens

Anders als Blumenberg geht Michael Theunissen bei der Erörterung der Frage, ob und in welcher Form gelingendes und misslingendes Leben vom Umgang mit der Zeit abhängen, von theologischen Prämissen aus. In seinem Buch *Negative Theologie der Zeit* (1991) beschreibt er eindrucksvoll die Herrschaft der Zeit über die Vorhaben des Menschen. Die Zeit herrsche nicht nur *über* uns, sondern auch *in* uns und *durch* uns. Theunissen unterscheidet die »Zeit des Lebens« als doppelgesichtige Herrschaftsform von der bloßen »Lebenszeit«. Die Zeit trägt das menschliche Leben und vernichtet es zugleich. Das erzeugt Leiden an der Zeit, das dann akut wird, wenn die Zeit ihren medialen Charakter verliert und selbst zum Gegenstand der Aufmerksamkeit wird. Insofern enthält die gelebte Zeit eine unaufhebbare innere Spannung, die im christlichen Verständnis des Widerstreits von Zeit und Ewigkeit zum Ausdruck kommt. Die Zeit als »Gabe« Gottes ist ein reales Gut, das sich nicht wie eine Spielmarke im Potlatschfest nach dem Tauschritus der Polynesier einsetzen lässt.

Alle Versuche des neuzeitlichen Denkens, die Herrschaft der Zeit durch Subjektivierung und Pluralisierung zu brechen, sind nach Theunissen zum Scheitern verurteilt und führen ungewollt dazu, das Leiden zu verstärken. Psychopathologische Formen des Zeiterlebens, Schizophrenie und Melancholie, denen Theunissen anders als Blumenberg erhöhte Aufmerksamkeit schenkt, lassen erkennen, wie sich eine Zeitdimension lähmend ausbreitet, wenn die Kraft schwindet, das Leben im Hinblick auf die Anforderungen der Welt zu organisieren. Das moderne Zeitmanagement, das darauf abzielt, die leere Zeit der Uhren in eine sinnvolle Ordnung der Zeitdimensionen zu verwandeln, ist nach Theunissen ohne das Vorbild einer eschatologisch verstandenen Heilsgeschichte nicht denkbar. Das aber führt bei Theunissen nicht zur Flucht in die Werkgerechtigkeit, sondern in eine dem religiösen Glauben entsprechende produktive Innerlichkeit, die dem Verhängnis des Immergleichen entgeht, indem sie Kontinuitätsbrüche als das »Andere der Zeit« anerkennt und in den Lebensverlauf integriert.

Die negative Theologie der Zeit bringt Theunissen auf Distanz zum Formalismus der Sollensethik kantischer Prägung. Wenn er bei der Beantwortung der Frage, ob wir in der Zeit glücklich sein können, von »gelingendem Leben« spricht, so will er darunter noch nicht das sogenannte »gute Leben« verstanden wissen, das tugendhaft sein soll. Es geht zunächst um nicht mehr und nicht weniger als um ein erträgliches Leben, so wie es auch Ziel psychotherapeutischer Behandlung ist. Mit dieser Position jenseits von Gut und Böse liegt Theunissen nahe an der Lebenskunst in ihrem elementaren Verständnis. Der Ausgang von psychopathologischen Erfahrungen lege es nahe, das Sollen aus dem Sein selbst abzuleiten. Das Sein freilich ist nicht das der zufälligen Faktizität des Lebenslaufs, sondern das durch den Willen zum Leben geprägte Selbstverständnis des Menschen als eines Wesens, das trotz der Kontingenz seiner Existenz den Anspruch erhebt, nicht zum Leiden an der Zeit verdammt zu sein. Diesen Anspruch aus der Struktur der Zeitlichkeit zu begründen macht Theunissens *Negative Theologie der Zeit* zu einer philosophischen *Grundlegung* der Lebenskunst, die sich durchaus an Kants Grundlegung messen kann.

Vergleicht man den dialektischen Negativismus protestantischer Prägung mit den Ausführungen zur Zeit von Wilhelm Schmid, so könnte der Unterschied nicht größer sein. Während Theunissen auf die Paradoxie der existenziellen Zeit zurückgeht, beschränkt sich Schmid in seiner Lebenskunst darauf, »grundlegende Aspekte« der Lebensführung wie Macht, Wahlfreiheit oder Sterben affirmativ zu interpretieren. Aber auf diesem Weg wird kein Prinzip gewonnen, von dem Regeln der Zeitigung abgeleitet werden können. Indem Theunissen die Zeitlichkeit als Existenzial auffasst, bewegt er sich in der Tradition der modernen Lebensphilosophie, die Lebenskunst und gelebte Moral als Einheit betrachtet. Die Einheit von Moral und Lebenskunst liegt darin, dass vom Standpunkt der ersten Person Zeitlichkeit als offener Erfahrungshorizont erlebt wird, zugleich aber als innerer Zwang, das Notwendige zu tun. Damit wird deutlich, dass die Philosophie der Lebenskunst nicht allein vom Streben nach dem eigenen Glück ausgehen kann. Sie muss auch das Gefühl der Verpflichtung berücksichtigen, das Kant das »sittliche Gesetz in mir« genannt hat. Allerdings bleibt bei Kant die innere Gesetzlichkeit zeitlos. Erst die Lebensphilosophie hat hier die Wende zur lebensweltlichen Erfahrung gebracht, so dass sich der systematische Ort der Ethik ins Performative verlagert. Wie nach Kant über »praktische Regeln« der Lebensführung hinaus nur eine Vernunftethik zum »moralischen Gesetz« führt, muss nun die postkantianische Lebenskunst ihren Ort jenseits der reinen Vernunft finden, damit klar wird, welchen Status ihre Regeln besitzen. Der systematische Ort liegt – wie im zweiten Kapitel ausgeführt – in einer genetischen Phänomenologie oder Lebensphilosophie, die sich zwischen Empirismus und Formalismus bewegt.

Regeln der Zeitigung

Philosophische Lebenskunst erfordert Regeln der Selbsterfahrung im Handeln, nach denen der Mensch sein Leben führen kann. Aber wie sind die Regeln beschaffen, wenn in der Zeitlichkeit Ziel und Vollzug des Lebens zusammenfallen? Als Weg und Ziel zugleich kann das »gute Leben« kein konstitutives Prinzip sein, sondern nur eine regulative Idee der moralischen Urteilskraft für die Führung des Lebens im Ganzen. Nimmt man diesen Gedanken ernst, so stößt man auf eine ganz besondere Art von Regeln, die sich nicht in einem System begründen und objektiv darstellen lassen. Das mag zwar für die Zeiteinteilung zur Verbesserung der Effizienz nach dem Motto »Zeit ist Geld« möglich sein. Regeln für ein gelingendes Lebens dagegen sind solche, die angeben, wie die Dialektik von objektiver und erlebter Zeit lesbar und lebbar gemacht wird. Es sind Regeln der Überzeugungsfestlegung, die den Fluss der Zeit zum Stehen bringen, und zugleich Regeln des Handelns, die das Stehende wieder in Fluss bringen.

Regeln der Lebenskunst als Regeln der Zeitigung lassen sich am Umgang mit der linearen Zeit in der postindustriellen Lebenswelt demonstrieren. Es ist hinreichend bekannt und detailliert beschrieben worden, dass mit der globalen Technisierung und Kommerzialisierung der Lebenswelten eine Reduktion des Zeiterlebens auf Wahrnehmung von Terminen und damit eine unerhörte Zeitverknappung einhergeht. Aus der existenziellen Zeitigung ist das kommerzielle »Timing« geworden. Die Zeit der Agenda ist eine homogene Zeit, die sich in immer kürzere Einheiten einteilen und langfristig stapeln lässt. Das permanente Zeitmanagement macht die Menschen abhängig vom Tropf der Agenda, sie hetzen besinnungslos von Termin zu Termin und bezahlen die Effizienz mit einem nicht wiedergutzumachenden Verlust an Lebensqualität – so das kulturkritische Szenarium, das die Menschen erschreckt, aus dem sie aber nicht aussteigen können. Die Empfehlung, die Langsamkeit neu zu entdecken und zu naturzyklischen Lebensformen zurückzukehren, mag zwar gut gemeint sein und sich auch gut verkaufen, ist aber für die Lebenskunst keine realistische Option. Die Zeitlosigkeit der Geldmärkte und die steigende Neuerungsrate der Technik sind unumkehrbar, weil nur sie in einer Welt der Überbevölkerung den Menschen eine einigermaßen zufriedenstellende Existenzgrundlage sichern.

Die Homogenisierung der Zeit hat Auswirkungen auf das Zeiterleben. Zwar ist gemeinhin von »Gegenwartsschrumpfung« die Rede, aber in Wahrheit ist das Gegenteil der Fall. Durch Planung dehnt sich die Gegenwart aus, Zukunft und Vergangenheit werden durch den Terminkalender »vergegenwärtigt«, wie Hermann Lübbe in seinem Buch *Zeit-Verhältnisse* (1983) herausgestellt hat. Die Zukunft wird als das Gesamt der bevorstehenden Termine und die Vergangenheit als jenes der erledigten Termine erfahren. So verändert die Gegenwart ihre Qualität, sie ist nicht mehr der Modus der Zeit- und Selbstvergessenheit, sondern der Zeit- und Selbstpräsenz. In der homogenen Zeit des Terminplans begegnet der Mensch nur noch sich selbst. Genau das aber erzeugt Zukunftsängste, die das Projekt der Selbstorganisation wie ein Schatten begleiten. Die den flexiblen Menschen umtreibenden Zukunftsängste sind paradoxerweise nicht Ängste vor der offenen Zukunft, sondern vor der durch Planung bereits »vergegenwärtigten Zukunft«. Ebenso verhält es sich mit der Vergangenheit, die als abgearbeitete Agenda aus dem Horizont der gelebten Zeit herausfällt. Damit verliert die Zeitlichkeit ihre Sinnkonsistenz und verdammt den Menschen zu einem Spiel mit wechselnden Identitäten, wodurch moralische Verlässlichkeit verloren geht.

Die Fragmentierung der Zeit, ihre Verwandlung aus einem heterogenen Kontinuum in ein homogenes Diskretum, stellt die Philosophie der Lebenskunst vor die Frage, wie der Verlust an gelebter Zeit bewältigt werden kann. Damit Lebenskunst nicht rein kompensatorisch oder gar regressiv wird, muss sie den Umgang mit der Zeit so weit ins Bewusstsein heben, dass die Subjektivität des Zeiterlebens die Qualität gelebter Zeit annimmt. Regeln der Lebenskunst unterscheiden sich von Spielregeln darin, dass man sie nicht beliebig festlegen kann. Da das Leben kein Spiel ist, aus dem man lebend aussteigen kann, sondern ein Ablauf von Phasen, die sich nicht endlos verschieben lassen, bekommen die Regeln einen Status, der sich dem des Gesetzes annähert, ohne dessen Allgemeinheit und Notwendigkeit zu erreichen. Lebenskunstregeln sind nicht primär Handlungsanweisungen, sondern Sichtweisen, die den Lebenslauf nach Wertigkeiten strukturieren. Sie können daher nicht *intentione recta* auf die Verwirklichung objektiv definierbarer Ziele gerichtet sein, sondern *intentione obliqua* auf das Selbst, das mit jeder Handlung ein anderes wird. Das entspricht dem hermeneutischen Zirkel in der Auslegung von Texten, bei denen das Ganze nur aus den Teilen und die Teile nur aus dem Ganzen verständlich sind. So verhält es sich auch mit der Textur des menschlichen Lebens. In der Lebenskunst geht es nicht um die Feststellung von Fakten, sondern um eine Deutung von Kontexten, von denen das Selbstwertgefühl des Menschen abhängt. Der hermeneutische Zirkel hat somit eine zeitliche Logik, die darin liegt, im Augenblick die Dauer des Lebens wahrzunehmen. Nur wer die Zeichen der Zeit erkennt, wer im Flüchtigen das Bleibende erkennt, der kann am Ende von sich sagen, ein gutes Leben geführt zu haben.

Die Zeit lässt sich nicht »machen«, sie ist als konstitutive Struktur der Lebenswirklichkeit in ihrer Prozesshaftigkeit unerbittlich. Aber aus ihr lässt sich mehr »herausholen«, als ihre idealistische Auflösung in Interpretationskonstrukte verspricht. Der Augenblick gebietet, das zu tun, was man tun muss, auch wenn man etwas anderes tun könnte. Hierin liegt die unaufhebbare Wirklichkeit der Zeit, die der Handelnde als Kühle und Klarheit erfährt. Wem die Stunde schlägt, der kommt zu sich selbst, auch wenn es ein schmerzhafter Augenblick ist. Was die Zeit vom Menschen fordert, ist zu allen Zeiten gleich: »Bereit sein ist alles.« Den Lebenskünstlern der unbegrenzten Möglichkeiten hingegen bleibt das Glück verborgen, das in der Bereitschaft liegt, und mag sie auch darin bestehen, das Leben zu verlieren. Evidenz im Augenblick wird im Sinne eines hedonistischen »Lust jetzt!« begriffen, das für das postmoderne Lebensgefühl prägend ist. Dagegen verweist der Spruch des Predigers Salomo »Jegliches hat seine Zeit« auf den Ruf der Zeit, der die Menschen zu ihrem wahren Selbst zurückführt. So kann aus der verplanten Zukunft wieder Erwartung werden und aus der erledigten Vergangenheit wieder Erinnerung.

Mit der Zeit befreundet sein

Im Lichte der Paradoxien der Zeit erhält das Ideal der antiken Lebenskunst als Freundschaft mit sich selbst einen neuen Sinn. Mit sich selbst befreundet sein heißt demnach: mit der eigenen Zeit befreundet sein. Das ist zwar keineswegs eine einfache Sache, da die Begrenztheit unserer Lebenszeit als Bedrohung erfahren wird. Der alternde Mensch bekommt die Unerbittlichkeit der befristeten Lebenszeit zu spüren, insbesondere wenn die Gleichaltrigen sterben. Lange leben heißt viele überleben, und das wiederum heißt, sich einsamer zu fühlen, da man immer weniger Menschen mit gemeinsamer Vergangenheit um sich hat. Der französische Phänomenologe Emmanuel Lévinas (1905 – 1995) hat gegenüber der subjektzentrierten Zeitauffassung der phänomenologischen Tradition die Auffassung vertreten, dass der Lebenshorizont nicht primär dem entwerfenden Subjekt, sondern wesentlich dem Verhältnis zum anderen Menschen entspringt. Diese Einsicht bewahrheitet sich in schmerzlicher Weise beim Tod eines privilegierten Anderen, mit dem man sein ganzes Leben oder zumindest einen großen Teil davon verbracht hat. Die Lebenskunst des Alters besteht darin, mit dieser lebenszeitbedingten Vereinsamung fertig zu werden.

Mit der Einsicht in die Komplexität der Lebensverhältnisse wandeln sich auch die inhaltlichen Vorstellungen davon, was der Mensch vom Leben erwartet. In der Form des Nacheinander ist das Leben unwiederbringlich. Denn es beschreibt den Vollzug selbst, die einzige Form der Wirklichkeit, unabhängig von wechselnden Inhalten. Mit der Zeit befreundet sein heißt demnach zweierlei: Zum einen bedeutet es, die epochalen Veränderungen im Lebensgefühl, den »Zeitgeist«, in das eigene Leben hineinzunehmen, damit man nicht verbittert aus der Welt scheidet; zum anderen heißt es, mit der Unbesiegbarkeit der Zeit zu rechnen, damit man von Schicksalsschlägen nicht kalt erwischt wird. Die Zeit der unbegrenzten Möglichkeiten, die zum Fluchtpunkt der postmodernen Lebenskunst geworden ist, bleibt ein leerer Raum, der keinen Schutz vor den Unbilden des Lebens bietet. Nur wer in der Zeit mit sich selbst übereinstimmt, wer das Seinige, das Nötige tut, kann seine Freiheit gegenüber der Gleichgültigkeit der Welt bewahren und der Kontingenz einen Sinn abgewinnen, der mit dem Vollzug des Lebens identisch ist. So lautet die Lebenskunstlehre der Lebensphilosophie.

»Das Seinige tun« heißt nicht Beliebiges wünschen, sondern die Forderung der Stunde erfüllen. Es weist den Königsweg, auf dem die Einzelhandlung mit der Bildung der Person im Einklang steht. Alles Handeln verändert den Menschen, ob er will oder nicht. Hinter dem Rücken des Bewusstseins läuft stets ein Wachstumsprogramm ab, auf das die Regeln der Lebenskunst abgestimmt sein sollten. Die Regeln können sich nur auf die Einteilung der Zeit beziehen, aber mit einer klugen Einteilung bleibt es nicht bei der quantitativen Betrachtung. Die Zeit des Handelns und die Zeit des Wartens haben ihre eigenen Qualitäten, die in den verschiedenen Lebensphasen nicht die gleichen sind. Ein junger Mensch, der den größten Teil des Lebens noch vor sich hat, für den der Lebensplan noch im *modus futuri exacti* besteht, schätzt seine Aktivitäten anders ein als der alte Mensch, für den langfristige Pläne keinen Sinn mehr haben. Dieses Programm gibt dem Begriff des Glücks bzw. des geglückten Lebens einen tieferen Sinn. Das Glück, nach dem wir alle streben, können wir zwar nicht machen, wir können aber durch Regeln des Umgangs mit der Zeit die Parameter schaffen, in denen das Leben auch dann noch als lebenswert empfunden wird, wenn die Zeit abgelaufen ist.

Natürlich ist die Freundschaft mit der Zeit eine komplizierte Freundschaft. Sie aus einer Zweck- in eine Tugendfreundschaft zu verwandeln ist äußerst schwierig. Alles hängt davon ab, welche Einsichten eine zukünftige Philosophie der Lebenskunst für den Umgang mit der Lebenszeit gewinnen wird. Eine Begründung von überzeitlichen Werten kommt ebenso wenig infrage wie deren Auflösung in eine reine Situationssemantik. Daher kann die derzeit hoch geschätzte »angewandte Ethik«, so hilfreich sie für moralische Einzelhandlungen auch sein mag, eine Philosophie der Lebenskunst nicht ersetzen. Die angewandte Ethik ist zu sehr dem handlungstheoretischen Ansatz verpflichtet, als dass sie der Zeitlichkeit ihren angemessenen Platz einräumen könnte. Sicherlich gibt es viele Situationen, in denen eine schnelle Entscheidung erforderlich ist, weil der Mensch nicht beliebig warten kann; das Damoklesschwert der objektiven Zeit schwebt über jedem Kopf. Aber ob der pragmatische Standpunkt für moralische Entscheidungen immer der richtige ist, daran sind Zweifel angebracht. Die gelebte Zeit lässt das Nichthandeln und das Nichtentscheiden oft als die bessere Option erscheinen. Gefragt ist hier eine Theorie der Eigenzeit als dem Medium der Entscheidung in prekären Situationen.

»Mit der Zeit befreundet sein« könnte demnach die Formel für die Bedingung der Möglichkeit einer Lebenskunst lauten, die ohne Berücksichtigung der engen Beziehung zwischen Selbstwertgefühl und Zeitlichkeit abstrakt bliebe. Die symbolischen Formen und Funktionen, die das moderne Leben tragen, haben im heterogenen Kontinuum der Zeit ihr unerschütterliches Fundament. Mag sich auch alles Materielle in Informationen und Simulationen auflösen, die Zeit als unauflösbares Bindeglied zwischen Tun und Sein entlässt den Einzelnen nicht aus der Verantwortung für sich selbst und für andere. Wo der Grund der Zeit, der immer auch ein Abgrund ist, verlassen wird, verdampft Lebenskunst zu einem unverbindlichen Spiel von Zeichen, das vor Ort des Leidens nichts ausrichten kann. Der philosophischen

Lebenskunst ist daher nur dann eine feste Stelle im System der Philosophie sicher, wenn ihre Grundlegung die Realität der gelebten Zeit als Reflexionsmedium anerkennt. Dann steht einer Konvergenz von Lebenskunst und Lebensphilosophie nichts mehr im Wege.

Anhang

Literaturverzeichnis

Einleitung: Philosophie der Lebenskunst – Was? Wozu? Wie?

Bayertz, K., Warum überhaupt moralisch sein?, München 2006.

Bender, W., Ethische Urteilsbildung, Stuttgart/Berlin/Köln/Mainz 1988.

Breisbart, C., Lebenskunst – Eine Herausforderung für die moderne Moralphilosophie?, in: C. Sommerfeld-Lethen (Hg.), Lebenskunst und Moral. Gegensätze und konvergierende Ziele, Berlin 2004, S. 101-130.

Brenner, A./Zirfas, J., Lexikon der Lebenskunst, Leipzig 2002.

Caysa, V., Aktuelle deutschsprachige Konzeptionen einer Philosophie der Lebenskunst. Ein Bericht, in: Dialektik, Zeitschrift für Kulturphilosophie, 2/2000, S. 161-172.

Certeau, M. de, Die Kunst des Handelns, Berlin 1988.

Ebbermeyer, S./Kessler, E. (Hg.), Ethik – Wissenschaft oder Lebenskunst? – Modelle der Normenbegründung von der Antike bis zur Frühen Neuzeit, Berlin 2007.

Fellmann, F., Die Angst des Ethiklehrers vor der Klasse. Ist Moral lehrbar?, Stuttgart 2000.

Friesen, H./ Berr, K. (Hg.), Angewandte Ethik im Spannungsfeld von Begründung und Anwendung, Frankfurt/M. 2004.

Grün, A./Lichtenauer, A., Das Buch der Lebenskunst, Freiburg 2006.

Höffe, O., Lebenskunst und Moral: oder macht Tugend glücklich?, München 2007.

Hossenfelder, M., Gibt es eine Lebenskunst?, in: Friesen, H./ Berr, K. (Hg.), Angewandte Ethik im Spannungsfeld von Begründung und Anwendung, Frankfurt/M. 2004, S. 383-404.

Krämer, H., Plädoyer für eine Philosophie der Lebenskunst, in: Information Philosophie, Heft 3, 1988, S. 5-17.

Krämer, H., Integrative Ethik, Frankfurt/M. 1992.

Larmore, Ch., Strukturen moralischer Komplexität, Stuttgart/Weimar 1995.

Marten, R., Lebenskunst, München 1993.

Martens, E., Zwischen Gut und Böse. Elementare Fragen angewandter Philosophie, Stuttgart 1997.

Pauer-Studer, H., Einführung in die Ethik, Wien 2003.

Schmid, W., Schönes Leben? Einführung in die Lebenskunst, Frankfurt/M. 2000
Sommerfeld-Lethen, C. (Hg.), Lebenskunst und Moral. Gegensätze und konvergierende Ziele, Berlin 2004.
Werle, J.M., Klassiker der philosophischen Lebenskunst. Von der Antike bis zur Gegenwart, München 2000.
Tugendhat, E., Probleme der Ethik, Stuttgart 1984.
Zimmer, R. (Hg.), Glück und Lebenskunst, Aufklärung und Kritik, Sonderheft, Nürnberg 14/2008.

1. Der Ort der Lebenskunst im System der Philosophie

Heidegger, M., Sein und Zeit, Tübingen 1953 (Einzelausgabe, 7. Aufl.).
Heidegger, M., Gesamtausgabe, Frankfurt/M. 1978 ff. (GA).
Husserl, E., Logische Untersuchungen, Bd. 1, Prolegomena zur reinen Logik, Tübingen 1968.
McIntyre, A., Der Verlust der Tugend. Zur moralischen Krise der Gegenwart, Frankfurt/M. 1995.
Patzig, G., Art. Logik, in: Fischer-Lexikon Philosophie, Frankfurt/M. 1958.
Rinofner-Kreidl, S., »Das Leben selbst sagen lassen«: das Berliner Modell einer lebensphänomenologisch fundierten Psychotherapie, in: Phänomenologische Forschungen, Hamburg 2007, S. 193-217.
Scheler, M., Der Formalismus in der Ethik und die materiale Wertethik, Bern 1980.
Taylor, Ch., Quellen des Selbst. Die Entstehung der neuzeitlichen Identität, Frankfurt/M. 1996.

2. Hellenistischer Individualismus: Von der Eudämonie zum Hedonismus

Aristoteles, Nikomachische Ethik, übers. v. O. Gigon, hg. v. M. Fuhrmann, München 1992.
Epiktet, Handbüchlein der Ethik, übers. v. E. Neitzke, Stuttgart 1977.
Epikur, Von der Überwindung der Furcht – Katechismus, Lehrbriefe, Spruchsammlung, Fragmente, übers. v. O. Gigon, Zürich/München 1949.

Hadot, P., Wege zur Weisheit – oder Was lehrt uns die antike Philosophie?, Frankfurt/M. 1999.
Horn, Ch., Antike Lebenskunst. Glück und Moral von Sokrates bis zu den Neuplatonikern, München 1998.
Hossenfelder, M., Der Epikureismus – eine Wissenschaft der Lebenskunst, in: Ebbersmeyer, S./Kessler, E. (Hg.), Ethik – Wissenschaft oder Lebenskunst?, Berlin 2007, S. 41-50.
Hossenfelder, M., Die Philosophie der Antike 3. Stoa, Epikureismus und Skepsis, München 1985.
Luckner, A., Klugheit, Berlin 2005.
Nehamas, A., The Art of Living. Socratic Reflections from Plato to Foucault, Berkeley u.a. 1998.
Platon, Sämtliche Werke, 4 Bände, Reinbek bei Hamburg 1994.
Schälike, J., Willensschwäche und Selbsttäuschung. Über die Rationalität des Irrationalen und das Verhältnis von Motivation und Evaluation, in: Deutsche Zeitschrift für Philosophie, 52/2004, S. 362-380.
Sellars, J., The Art of Living. The Stoics on the Nature and Function of Philosophy, Aldershot/Burlington 2003.
Seneca, Vom glückseligen Leben. Auswahl aus seinen Schriften, hg. v. H. Schmidt, Stuttgart 1978.
Sextus Empiricus, Grundriß der pyrrhonischen Skepsis, übers. v. M. Hossenfelder, Frankfurt/M. 1968.
Snell, B., Leben und Meinungen der Sieben Weisen, München 1948.
Vogt, K., Gibt es eine Lebenskunst? Politische Philosophie in der frühen Stoa und skeptische Kritik, in: Zeitschrift für philosophische Forschung, Bd. 59, 2005, S. 1-21.
Wendland, P., Die hellenistisch-römische Kultur in ihren Beziehungen zum Judentum und Christentum, 4. Aufl., Tübingen 1972.

3. Die Wiederentdeckung der Lebenskunst im Humanismus der Renaissance

Alberti, L.B., Vom Hauswesen, übers. v. W. Kraus, München 1986.
Boethius, Trost der Philosophie, übers. v. K. Büchner, Stuttgart 1976.
Castiglione, B., Das Buch vom Hofmann, übers. v. F. Baumgart, München 1986.

Dilthey, W., Gesammelte Schriften, hg. v. B. Groethuysen, G. Misch u. a., Stuttgart/Göttingen 1975 ff. (GS).
Guicciardini, Fr., Vom politischen und bürgerlichen Leben. »Ricordi«, übers. v. K. J. Partsch, Berlin 1942.
Krüger, H.-P., Gehirn, Verhalten und Zeit. Philosophische Anthropologie als Lebenspolitik, Berlin 2008.
Machiavelli, Der Fürst, übers. v. R. Zorn, Stuttgart 1978.
Marc Aurel, Selbstbetrachtungen, übers. v. W. Capelle, Stuttgart 1973.
Montaigne, M. de, Essais, übers. v. H. Stilett, Frankfurt/M. 1998.
Pico della Mirandola, G., Über die Würde des Menschen, Hamburg 1990.
Skinner, Q., Niccolò Machiavelli zur Einführung, 5. Aufl., Hamburg 2008.
Thomas v. Aquin, Summa theologica.

4. Von den Moralisten zu Kants Trennung von Ethik und Lebenskunst

Gracian, Handorakel und Kunst der Weltklugheit, übers. v. A. Schopenhauer, Stuttgart 1951.
Hinske, N., Kant als Herausforderung an die Gegenwart, Freiburg/München 1980.
Kant, I., Werke, Akademie Textausgabe, Berlin 1968 (Akad. Ausg.).
Knigge, A. Freiherr, Über den Umgang mit Menschen, Leipzig 1975.
La Rochefoucauld, Maximen und Reflexionen, übers. v. J. v. Stackelberg, München 1987.
Moritz, K. Ph., Anton Reiser. Ein psychologischer Roman, Frankfurt/M. 1979.
Moritz, K. Ph., Gnothi seauton oder Magazin zur Erfahrungsseelenkunde, in: ders., Schriften, hg. von P. u. U. Nettelbeck, Bd. 1-10, Nördlingen 1986.
Requadt, P., Lichtenberg. Zum Problem der deutschen Aphoristik, Hameln 1948.
Shaftesbury, Earl of, Der gesellige Enthusiast. Philosophische Essays (Untersuchung über die Tugend, Die Moralisten u. a.), hg. v. K.-H. Schwabe, München 1990.
Sommerfeld-Lethen, C., Wie moralisch werden? Kants moralistische Ethik, Freiburg/München 2005.
Zimmer, R., Die europäischen Moralisten zur Einführung, Hamburg 1999.

5. Moralpsychologie und Lebenskunstlehre im 19. Jahrhundert

Carus, C.G., Die Lebenskunst nach den Inschriften des Tempels zu Delphi, hg. v. K. Boegner, Stuttgart 1968.
Gay, P., Die Macht des Herzens. Das 19. Jahrhundert und die Erforschung des Ich, München 1999.
Hegel, G.W.F., Phänomenologie des Geistes, Stuttgart 1996.
Mill, J. St., Der Utilitarismus, übers. v. D. Birnbacher, Stuttgart 1985.
Nietzsche, F., Sämtliche Werke, Kritische Studienausgabe, 15 Bände, hg. v. G. Colli und M. Montinari, München 1988 (KSA).
Sachs-Hombach, K., Philosophische Psychologie im 19. Jahrhundert. Entstehung und Problemgeschichte, Freiburg/München 1993.
Schopenhauer, A., Sämtliche Werke, 5 Bände, hg. v. W. von Löhneysen, Frankfurt/M. 1986.
Siep, L., Anerkennung in der »Phänomenologie des Geistes« und in der praktischen Philosophie der Gegenwart, in: Information Philosophie, 1/2008, S. 7-19.

6. Vom Sinn des Lebens zur Kunst des Liebens

Adler, A., Der Sinn des Lebens, Frankfurt /M. 1973.
Buer, F., Morenos therapeutische Philosophie. Die Grundideen von Psychodrama und Soziometrie, Opladen 1991.
Buer, F./Schmidt-Lellek, Chr., Life-Coaching. Über Sinn, Glück und Verantwortung in der Arbeit, Göttingen 2008.
Erikson, E.H., Dimensionen einer neuen Identität, Frankfurt/M. 1975.
Frankl, V.E., Das Leiden am sinnlosen Leben. Psychotherapie für heute, Freiburg 1977.
Freud, S., Das Unbehagen in der Kultur, in: Ges. Werke, Bd. XIV, S. 419-506.
Fromm, E., Haben oder Sein. Die seelischen Grundlagen einer neuen Gesellschaft, München 1976.
Fromm. E., Die Kunst des Liebens, München 2001.
Kohut, H., Die Heilung des Selbst, Franfurt/M. 1981.
Laing, R., Das geteilte Selbst, Reinbek bei Hamburg 1976.
Längle, A., Wertbegegnung, Phänomene und methodische Zugänge, Wien 1993.

Moreno, J. L., Gruppenpsychotherapie und Psychodrama, Stuttgart 1973. München 2005.
Wittgenstein, L., Schriften, Werkausgabe, Franfurt/M. 1989.

7. Selbstsorge im Garten der Lüste

Becker, H., u.a. (Hg.), Michel Foucault – Freiheit und Selbstsorge, Frankfurt/M. 1993.
Butler, J., Kritik der ethischen Gewalt, Frankfurt/M. 2007.
Fasshauer, U., Emotionale Leistungsfähigkeit – vom »Erkenne dich selbst!« zum »Erfinde dich selbst!«, in: Neue Sammlung, Vierteljahres-Zeitschrift für Erziehung und Gesellschaft, Becker, G. (Hg.), 39. Jg., Heft 4, 1999, S. 543-561.
Foucault, M., Der Wille zum Wissen. Sexualität und Wahrheit 1, Frankfurt/M. 1977.
Foucault, M., Der Gebrauch der Lüste. Sexualität und Wahrheit 2, Frankfurt/M. 1989.
Foucault, M., Die Sorge um sich. Sexualität und Wahrheit 3, Frankfurt/M. 1989.
Foucault, M., Von der Freundschaft – Michel Foucault im Gespräch, Berlin o.J.
Hadot, P., Philosophie als Lebensform. Antike und moderne Exerzitien der Weisheit, Frankfurt/M. 2002.
Hügli, A., Kümmere dich um dich selbst – eine nicht nur pädagogische Forderung und ihre Bedeutung für die Pädagogik, in: Existenzanalyse 2/2007, S. 76-81.
Kersting, W./Langbehn, C. (Hg.), Kritik der Lebenskunst, Frankfurt/M. 2007.
Rolf, Th., Normale Selbstverwirklichung. Über Lebenskunst und Existenzästhetik, in: Kritik der Lebenskunst, hg. v. W. Kersting u. C. Langbehn, Frankfurt/M. 2007, S. 315-341.
Rorty, R., Kontingenz, Ironie und Solidarität, Frankfurt/M. 1992.
Sarasin, Ph., Michel Foucault zur Einführung, 3. Aufl., Hamburg 2008.
Schmid, W., Die Geburt der Philosophie im Garten der Lüste. Michel Foucaults Archäologie des platonischen Eros, Frankfurt/M. 1994.

Schmid, W., Philosophie der Lebenskunst – Eine Grundlegung, Frankfurt/M. 1998.
Schmid, W. (Hg.), Leben und Lebenskunst am Beginn des 21. Jahrhunderts, München 2005.
Shusterman, R., Kunst leben. Die Ästhetik des Pragmatismus, Frankfurt/M. 1994.
Shusterman, R., Philosophie als Lebenspraxis, Berlin 2001.

8. Philosophie des Glücks im Überfluss

Birnbacher, D., Philosophie des Glücks, in: Information Philosophie, 1/2006, S. 7-22.
Engelhardt, P., Glück und geglücktes Leben, Mainz 1985.
Jean Paul, Leben des Quintus Fixlein, Stuttgart 1972.
Keltner, D., Born to be Good. The Science of Meaningful Life, New York 2009.
Krämer, H., Was leistet die Glücksethik?, in: Deutsche Zeitschrift für Philosophie 4/2000, S. 565 – 577.
Musil, R., Der Mann ohne Eigenschaften, Reinbek bei Hamburg 1952.
Seel, M., Versuch über die Form des Glücks, Frankfurt/M. 1995.
Simmel, G., Das individuelle Gesetz. Philosophische Exkurse, hg. v. M. Landmann, Frankfurt/M. 1968.
Thomä, D., Vom Glück in der Moderne, Frankfurt/M. 2003.
Thomä, D., Erzähle dich selbst. Lebensgeschichte als philosophisches Problem, München 1998.

9. Interkulturelle Philosophie der Lebenskunst

Dalai Lama, Logik der Liebe: Aus den Lehren des tibetischen Buddhismus für den Westen, München 1998.
Eucken, R., Das Lebensproblem in China und in Europa, Leipzig 1922.
Gu, X., Konfuzius zur Einführung, 3. Aufl., Hamburg 2008.
Habermas, J., Die Einheit der Vernunft in der Vielheit ihrer Stimmen, in: Nachmetaphysisches Denken. Philosophische Aufsätze, Frankfurt/M. 1988, S. 153-185.

Herrigel, E., Zen in der Kunst des Bogenschießens, Bern 1948.
Kama Sutra, übers. v. H.-H. Wellmann, Stuttgart 1996.
Kimmerle, H./Sandkühler H. J./Stenger, G., Was leistet interkulturelle Philosophie?, in: Information Philosophie 4/2007, S. 30-37.
Konfuzius, Gespräche, übers. v. R. Wilhelm, Jena 1923.
Laotse, Vom Sinn und Leben, übers. v. R. Wilhelm, Jena 1921.
Münnix, G., Zum Ethos der Pluralität. Postmoderne und Multiperspektivität als Programm, Münster 2004.
Nagl-Docekal, H./Pauer-Studer, H. (Hg.), Jenseits der Geschlechtermoral. Beiträge zur feministischen Ethik, Frankfurt/M. 1993.
Sun Tsu, Über die Kriegskunst, übers. von Pat Lauer, Wiesbaden 2005.
Waldenfels, B./Därmann, I., Der Anspruch des Anderen. Perspektiven phänomenologischer Ethik, München 1998.
Waldenfels, B., Fremdheit, Gastfreundschaft und Feindschaft, in: Information Philosophie 5/2006, S. 7-17.
Welsch, W., Transkulturalität. Lebensformen nach der Auflösung der Kulturen, in: Information Philosophie 2/1992, S. 8-20.
Wilhelm, R., Chinesische Philosophie. Eine Einführung, Wiesbaden 2007.

10. Konvergenz von Lebenskunst und Lebensphilosophie

Arendt, H., Vita activa oder Vom tätigen Leben, München 1960.
Angehrn, E. u.a. (Hg.), Dialektischer Negativismus. Michael Theunissen zum 60. Geburtstag, Frankfurt/M. 1992.
Augustinus, Confessiones/Bekenntnisse, übers. v. J. Bernhart, Frankfurt/M. 1987.
Bergson, H., Zeit und Freiheit, Frankfurt/M. 1998.
Fellmann, F., Lebensphilosophie. Elemente einer Theorie der Selbsterfahrung, Reinbek bei Hamburg 1993.
Bieri, P., Zeit und Zeiterfahrung. Exposition eines Problembereichs, Frankfurt/M. 1972.
Blumenberg, H., Lebenszeit und Weltzeit, Frankfurt/M. 1986.
Forum für Philosophie Bad Homburg (Hg.), Zeiterfahrung und Personalität, Frankfurt/M. 1992.
Hundeck, M., Welt und Zeit, Würzburg 2000.
Klein, O.G., Zeit als Lebenskunst, Berlin 2007.

Lübbe, H., Zeit-Verhältnisse. Zur Kulturphilosophie des Fortschritts, Graz 1983.
Minkowski, E., Die gelebte Zeit, 2 Bde., Salzburg 1971/72.
Stoellger, Ph. (Hg.), Zeit geben, Hermeneutische Blätter 1/2, Zürich 2006.
Theunissen, M., Negative Theologie der Zeit, Frankfurt/M. 1991.
Tillich, P., Der Mut zum Sein, Berlin 1991.
Whitehead, A.N., Kulturelle Symbolisierung, Frankfurt/M. 2000.

Ferdinand Fellmann, geb. 1939, Studium der Literaturwissenschaft und Philosophie in Münster, Gießen, Pavia und Bochum. 1957 Promotion, 1973 Habilitation. Von 1980 bis 1993 Professor für Philosophie an der Universität Münster, von 1993 bis 2005 Professor für Philosophie und Wissenschaftstheorie an der TU Chemnitz. Gastprofessuren in Neapel und Wien. Arbeitsschwerpunkte: Phänomenologie, Hermeneutik, Lebensphilosophie, Ethik und philosophische Anthropologie.
Wichtigste Buchveröffentlichungen: Phänomenologie und Expressionismus (1982); Phänomenologie als ästhetische Theorie (1989); Symbolischer Pragmatismus. Hermeneutik nach Dilthey (1991); Lebensphilosophie. Elemente einer Theorie der Selbsterfahrung (1993); Die Angst des Ethiklehrers vor der Klasse. Ist Moral lehrbar? (2000); Das Paar. Eine erotische Rechtfertigung des Menschen (2005); Phänomenologie zur Einführung (2006); Der Liebes-Code: Schlüssel zur Polarität der Geschlechter (2007).